拜德雅
Paideia
人文档案

拉康
不顾一切

［法］伊丽莎白·卢迪内斯库（Élisabeth Roudinesco）　著

李新雨　译

上海社会科学院出版社
SHANGHAI ACADEMY OF SOCIAL SCIENCES PRESS

看看我的《电视》吧，我是一个小丑。你们从那上面学习吧，但切勿模仿我！

——雅克·拉康

因为要对一些医生、分析家或者分析者……进行教学，拉康以其言语的修辞为他们给出了一幕相当于模仿无意识语言的哑剧。正如大家所知道的那样，这种无意识的语言，就其终极的本质而言，即是"妙语"、双关语、失败抑或成功的隐喻。

——路易·阿尔都塞

目 录

推荐序一：卢迪内斯库的"拉康三传"

吴　琼

　　伊丽莎白·卢迪内斯库写过三个版本的拉康传记：《法国精神分析史：百年大战》（两卷本，1982—1986）、《拉康传：一生梗概及其思想体系的历史》（1993）和《拉康：不顾一切》（2011）。三个版本的写作风格和文体特征各有不同，如同拉康理论中想象界、象征界和实在界的"三界"扭结，呈现了传主在不同语境中的不同面相，或者说是不同语境对主体的"切割"，但每一次切割都是不完整的，都会留下一个不可象征化的剩余、一个不可名状的原质之物，即被留在实在界的"拉康"，"它"就是居于"三界"扭结中心的"对象小 a"，将为启动下一次切割或另一次写作行动提供驱力。2020 年，国内翻译出版的《拉康传》就是卢迪内斯库三部传记中的第二个版本；如今，在李新雨的努力下，第三个版本也即将面世。

　　"引起矛盾和产生痛苦是精神分析不可避免的命运"。精神分析学创始人弗洛伊德在讲述学派的历史时所说的这句话，用来描述法国精神分析运动的第一个百年是再恰当不过了。卢迪内斯库用"百年大战"作为第一部传记的题名，无疑呼应了精神分析"共同体"的原始创伤在历史场景中的强制性重复。在那里，卢迪内斯库以年轻的弗洛伊德博士在 1885 年前往巴黎向神经病学家让－马丁·沙柯请教作为开场，叙述了沙柯利用视觉和图像来诊断失语症的场景，她认为正是这一实践启发了弗洛伊德，回到维也纳后，他便尝试基于倾听和讲述的新型实践。饶有趣味的是，卢迪内斯库将 1885 年弗洛伊德和沙柯发明新词"神经症"来描述歇斯底里（癔症）视作"发现无意识"的初始时刻，对发明权的这一重新认证可以说是法国版精神分析史有关"诞生时刻"的典型场景。

《法国精神分析史：百年大战》的第一卷从 1885 年弗洛伊德的巴黎之行讲到 1925 年巴黎"精神病学演进"小组和 1926 年"巴黎精神分析学会"的成立，叙述了法国精神病学界对精神分析学的接受和批评；第二卷首先讲述了 1920—1930 年代巴黎的作家和艺术家圈子对精神分析学的热情，然后是拉康的进场。拉康的独特性在于：一方面，他属于医生和分析家圈子；另一方面，他和人文圈子也有密切互动，在很大程度上，后者在文化上激进的反建制倾向和精神分析化的写作实践为他破除精神分析共同体的技术专制提供了灵感。他不可避免地成为共同体的一根"肉中刺"，接下来的故事就是共同体内一次又一次的驱魔运动。

就法国精神分析学的历史而言，《法国精神分析史：百年大战》讲述了一个分裂的故事；就拉康而言，作为引发争端的主角，那也是他在建制内部认同受挫和复仇的故事，甚至在他创立自己的组织以后，也没能摆脱内部撕裂的命运，以至于他最终不得不以自己"杀死"自己的方式来终止命运的循环，通过自动宣布组织解散，使自己定格为人文世界所崇拜的悲情的孤独者的形象。因此，《法国精神分析史：百年大战》中的拉康就像被困在镜像阶段的主体，理想自我为了在象征秩序所建立的他者场域获得自我确证而左冲右突，但一次次伤痕累累，唯一得到确证的是，只要主体还屈从于他者的欲望，成为自身欲望的牺牲品就是唯一的去向。

卢迪内斯库的拉康传记的第二个版本有一个副标题："一生梗概及其思想体系的历史"。因而，这是一个由生活史和思想溯源交织在一起的文本，组织纠纷退居到次要位置。与第一个版本围绕主体在象征秩序中的认同受挫来展开传主的传奇不同，第二个版本一幕接一幕地搬演了传主在另一个场域的想象性认同，那就是塑造其思想的人文领域，思想英雄的轮番出场为传主编织了一个又一个理想父亲的神话。不过，在生活史的部分，作者讲述了现实的父亲意象——从拉康的家族到他本人——走向衰落的故事，这是现代性写作中最常见的剧情，拉康早期对家庭情结的论述似乎也以某种象征的方式印证了这一衰落及其现代性情境。有关思想溯源的书写表面上是对拉康思想源头的回溯，实际上也展示了其对理想父亲的认同，是对这一认同的回溯性建构，按拉康自己的分析逻辑，未来的历史在过去就已经先期到来，所以过往的历史只能在未来的完成时态中得到理解。因此，在那里，科耶夫、索绪尔、列维－斯特劳斯、海德格尔等人成为铺陈父亲认同的一个又一个代理，它们最终将汇聚在"回到弗洛伊德"的旗帜或口号之下，后者就是法老般的、原始的象征父亲，主体（拉康）对代理父亲的一次次内化和转换都是为了完成对原始父亲的回唤。因而，在卢迪内斯库的思想溯源中，回溯性建构的重点并不是各个代理父亲的"理论"，而是他们被认同为"父亲"的场景或姿态。在那里，我们看到的是主体模仿父亲的各种"拟态"形象。至于建制的故事，尽管占据的分量十分小，只在生活史中有零星的"插播"，但叙事的基调有很大改变。在此，焦点不再是主体为获得建制的确认而做出的种种努力，而是主体对象征秩序的质询和出走，我们也可以把这理解成作者为主体的一种反向"认同"提供的分析情境，即主体的质询和出走与其说是对秩序的批判或否定，不如说是主体对源自实在界的死亡驱力的"认同"。这一认同是如此彻底和决绝，以至于在主体身上激发了将质询进行到底的癔症式症状，主体最终对自己一手创立的带有君主制色彩的建制秩序施以毁灭性的一击，其对象征秩序的质询终于在死亡驱力的戏码中成全了自身。

《法国精神分析史：百年大战》对建制争执的揭示就像19世纪末美国记者揭发社会黑幕的"扒粪行动"，卢迪内斯库也因此被巴黎拉康派的精神分析圈子视作麻烦制造者。在"思想溯源"的版本中，也许是为了表达一种缓和的姿态，作者显然将重点从父权制的"帝国"转向了理想父亲的"共和国"，但对于组织已然涣散、只能靠移情或转移来维系其组织躯壳的共同体而言，这个置换无异于另一种冒犯，驱魔行动并未止息。现在，作者想要换一种方式，一种更加个人化的方式来谈论拉康，她要把"拉康"当作一杆标枪投向那个对党争的热情胜过一切的"君主制"集团。在这个意义上，拉康传记的第三个版本《拉康：不顾一切》是一本充满怨怼的愤懑之书，作者的愤懑源于主体面对实在界的激情。如同当年的拉康，面对高度建制化的"帝国集团"的霸凌，面对一度构成其象征认同的他者世界对他的除名和遗弃，他最终决定将象征界的幻象和诱惑从自身之内切割掉，并在讲台上通过将象征界的剩余转换为实在界的呕吐物来实施绝境中的一击；现在，卢迪内斯库的拉康就是实在界的幽灵，就是用来羞辱拉康派分析家的"秽物"，因为她呈现的是拉康的"另一面"。这个"另一面"同时也是精神分析的"另一面"，是作为偶像崇拜者的拉康派们所不愿面对的，就像作者所说的，她要"经由拼凑各种碎片来展现出另一个拉康……这个拉康遭遇他的实在界，即从他的象征世界中遭到排除的东西。这是一个游走边缘的拉康、一个置身临界的拉康、一个不修边幅的拉康、一个因其'语词新作'的痴狂而心荡神驰的拉康"。

因此，在这里，我们看不到"传记契约"意义上的拉康生平，看不到作为分析家、理论家、临床教学者的拉康的实践，这里的拉康被呈现为一个又一个的症状：镜子、性欲、收藏、情色图、原物、死亡。这些在文本中四处飘舞的碎片，就像癔症话语抛向本就欠缺的他者世界的最后质询，它们既是拉康的症状，又是驱魔者的症状，当然也是作者——如她自己所言——就精神分析共同体内部和外部对她的围剿实施的"清算"。

然而，我们不能就此将这个写作行为仅仅视作私人性的报复和泄愤。卢迪内斯库是一位严肃的学者，她的精神分析"知识"固然带有很强烈的"妄想症"色彩，殊不知这正是当代法国思想一种特有的气质。卢迪内斯库还写过《动荡时代的哲学家》（2005），讨论了六位法国哲学家：康吉莱姆、萨特、福柯、阿尔都塞、德勒兹和德里达。她说，这六个人尽管有着不同的倾向和议题，但也分享相同的方面，如对精神分析的无意识理论的积极回应、在写作中对文学风格的运用，以及对艺术和文学的挚爱。在卢迪内斯库的名单中，至少还可以加上拉康和巴塔耶的名字。实际上，这些人物大部分在思想风格上还有其他共同点，比如对“异质性”的痴迷、对理论跨界的热情、对强力阅读的推崇、对文本暴动的策应。《拉康：不顾一切》中的拉康也分享了这样的思想气质。

三个传记版本写出了传主不同的面相，同时也通过不同的文体风格框定了传记作者对待传主的不同“契约”关系：《法国精神分析史：百年大战》描写了一个被困在建制的象征秩序中的拉康，作者以历史学家的身份力图通过对档案、访谈和文本的调用以及对历史事件的详尽述写，在传主与建制复杂的互动中来定格拉康的“事业”；《拉康传：一生梗概及其思想体系的历史》中的拉康是一位成长于时代思想语境的知识英雄，作者以传记作家的身份描写了各个思想脉络在巴黎的播撒过程以及它们在传主身上的“隐迹书写”；在《拉康：不顾一切》中，我们看到的是已经成为拉康派创伤性内核的“实在界拉康”。作者以中世纪圣徒传一般的传奇手法描写了这个“原质之物”、这个“倒错的主体”对“对象小 a”的各种恋物癖式的症状。因此，“不顾一切”这一表述不仅表达了拉康作为欲望主体在死亡驱力中的坚执，而且表达了作者自己对“实在界拉康”的激情。

推荐序二：一种拉康式书写的魅力

王晨阳[1]

今年年初，当收到好友新雨兄邀请，为他最新翻译的《拉康：不顾一切》一书作序时，我在荣幸之余也有一丝顾虑。作为2020年出版的《拉康传》中文版的译者，我对如此短时间内把《拉康：不顾一切》引入中文世界的商业选择感到好奇。毕竟这两本著作都是出自法国精神分析历史学家伊丽莎白·卢迪内斯库之手，在内容和主题上必然有重合之处。在七百多页的鸿篇巨制《拉康传》之后，呈现在我们眼前的这本"小传"能否给读者们带来新鲜感？能否为理解拉康其人及其思想打开新的大门？好在我的疑虑在拜读新雨兄的译作后很快便消失了——本书绝非《拉康传》的简化版或缩写版，而是自成一体的思想绘本，是一种极具风格化的传记书写尝试。如果说《拉康传》是一壶清茶，让读者从几个世纪前拉康家族的制醋发家史开始，细细品味这位杰出思想家沉浮曲折的人生如何随着时代画

1 王晨阳，埃塞克斯大学心理社会研究与精神分析系（Department of Psychosocial and Psychoanalytic Studies）讲师，主要研究方向为性别理论、精神分析与当代欧陆哲学。著有 Subjectivity in-between Times: Exploring the Notion of Time in Lacan's Work（Palgrave，2019），译有《拉康传》（北京联合出版公司，2020）。

卷的展开而跃然纸上，那么本书则把拉康惊世骇俗的言说、佶屈聱牙的文字与特立独行的举止凝缩为一杯烈酒，让读者一饮而尽，体验到思想洪流从肠胃向大脑冲撞激荡的眩晕与失重。正如本书的副标题所言，它与读者对话的方式是"不顾一切"的。它所展现出的压迫力超过了普通读者对这本短小传记的预期，甚至在很多时候超过了阅读行为所能实现的理解极限。然而，恰恰是这样一种书写姿态让本书展现出不同于一般传记类文学的独特价值——它不再是第三者的记录与转述，而是拉康口中的"Encore"（再来一次）。拉康不仅是通过文字得以表现的人物形象，也是浸润在本书文字之中的精神气质。换句话说，呈现在大家面前的不是"拉康的传记"，而应当被看作"拉康式传记"。

拉康的风格首先表现在本书的结构上。不同于一般传记所采用的历史时间顺序的记录，本书由不同主题串联起来，而对每个主题的探索往往涉及拉康前中后期不同阶段的思考。主题之间的关系也并非前后相继，读者完全可以从目录中自己最感兴趣的主题开始，由阅读中产生的新的兴趣点和疑问驱动着引向其他主题和章节。如果我们把第6章"爱上玛格丽特"作为阅读的出发点，那么对拉康这一著名案例的主人公所表现出的"女性疯癫"症状感兴趣的读者可能会进一步阅读第10章"爱情与女人"，而希望了解患者疾病成因的读者则可以回到之前的第5章，探索家庭关系所蕴含的情感意义；同样，对这一章中某个细节（拉康的继承人把玛格丽特的珍贵档案轻易地卖掉了）印象深刻的读者，不妨继续阅读第7章"档案"或直接跳到第13章"房产、书籍与藏品"，理解历史性文字所具有的精神分析价值。通过这种阅读方式，读者决定着拉康的理论话语如何向自己展开。本书松散的结构很容易让人想起英国作家B. S. 约翰逊的试验小说《不幸》，后者把每个章节以完全随机排列的方式放入一个书盒中，保持了阅读顺序的开放和不可预测。相比之下，我更愿意把这种组织方式视为对拉康自己提出的"滑动的能指链"理论的实践——通过读者自己在书中所选取的开端、过程和终点，文字的组合排列不再是传达作者确定意图与理念的固有载体，而是成为"一个能指向另一个能指表征主体"（拉康语）的动态过程。诚然，并不是每一次章节的跳转都能获得我们期待的答案，但能指组合的无限可能往往会给读者意外的收获——玛格丽特案例中所表现出的亲历者与旁观者的视角差异，反而在第5章最后的四种话语中得到阐释。当知识不再按照一种习以为常的模式得以生产，读者才能真正进入拉康的理论迷宫，把自己的欲望呈现在作为文字的他者面前，在象征网络的形塑下实现某种主体性的表达。

拉康的风格同样表现在本书的信息密度上。这本"小传"并没有因为篇幅限制而在内容上被简单化或通俗化。

恰恰相反，伊丽莎白·卢迪内斯库在其中塞入了《拉康传》用七百多页篇幅才勉强容纳的概念、思想和知识点。在关于镜像阶段的第3章中，短短几页里被重点标识的概念就多达40个，而要想对包括"它我""相异性""欲望意识""身体想象地形学"在内的专业术语中的任意一个进行充分解释也许都需要更多的篇幅。从这个角度看，理解拉康似乎无法成为阅读本书的合理预期，但这种无法理解性难道不正是对拉康用泛滥的生造词和碎片化思想拼接起来的话语的最好模仿吗？在之前对李·艾德曼《没有未来》一书的评论中，我把这种通过叠加极其密集的专业词汇来构造高强度压迫语境的写作方式称为"驱力写作"，而本书的写作方式恰恰是拉康式驱力的具象化。在接近绝对真理时的挫败把言说的欲望转变为对失败的强迫重复，这种驱力支撑着晚期的拉康关于拓扑数形的喃喃自语，也支撑着本书对拉康生命不可能完成的回顾与总结。拉康的童年？作者承认我们对此几乎一无所知；他最后的思想？没人知道那个沉默失语的背影在想什么。拉康狂野不羁的奇思妙想在字里行间喷涌而出，无论是作者还是读者，都只能在有限的篇幅内去尽力捕捉历史的碎片。与其在书中苦苦探寻通往拉康理论王国的小径，读者在本书中更能直观体验到的是拉康的理论气质，是拉康的话语如何在20世纪的种种思潮中激荡起回响。这些高速跳转、纷繁杂乱而缺乏统一性的文字信息，展现出的是拉康理论自身的荒谬、复杂与矛盾。本书像拉康的研讨班曾让无数观众痴迷的方式一样裹挟着读者，把他们带入让人神晕目眩的思想旋涡之中。

最后，我还想指出本书所具备的一种拉康式姿态——一种激进而毫不妥协的批判性。批判和斗争贯穿了拉康的人生：童年时期批判家庭生活中天主教的迷思；求学期间批判传统精神病学的体质论传统；从业后批判精神分析体制的僵化与背叛；在思想上批判奥斯维辛后的人道主义和由美国精神代表的自由主义。本书不仅忠实地展现了这些内容，而且把批判的矛头指向了主人公自己。关于杰出思想家的传记文学很容易走向偶像化和崇高化，好在具有精神分析学家身份的卢迪内斯库很好地处理了自己对描述对象的移情。在展现拉康的思想与人格魅力之外，她也会毫不留情地提出疑问，打破读者不知不觉陷入的钟情幻想。拉康对玛格丽特的分析成为超现实主义者们赞美的杰作，但玛格丽特自己的声音是否在这一过程中被无视甚至被抹杀了？安提戈涅的寓言表现出一种彻底拒绝象征界的生命经验，然而在其之上发展出来的精神分析伦理是否有了沦为无话可说的"无政治主义"的风险？这些问题展示了历史与观念的丰富截面，把思考的空间留给每一位读者。无论是热烈的赞美还是冷酷的批评，本书始终保持着真挚和热忱——只有对拉康及其时代具有足够感情的见证者，才能够让他毫无掩饰的爱恶具备打动人心的力量。

在《拉康传》的结尾，卢迪内斯库回顾了精神分析事业在后拉康时代的兴衰，并用该书向分析师们沉默的历史致敬；但在这本"小传"的结尾她只留下了一句呐喊："雅克·拉康，不顾一切！"这两种不同的戛然而止在某种程度上反映了两本书的本质差异。《拉康传》是对一个时代冷静而克制的记录，而本书则是纯粹私人化的拉康回忆。这两百余页的文字不仅是写给读者的，也是写给作为大他者的拉康的。它是历史的沉淀，更是风格的渲染。它在拒绝对一位思想者的遗忘，也在唤起一种思想的活力。这份独有的精神气质导致本书非同一般的阅读难度，好在本书的译者李新雨凭借他扎实的精神分析背景，用严谨的翻译和丰富的译者注释为读者提供了阅读的便利。我相信每一个愿意跟随作者和译者一同走进本书所开启的拉康之旅的读者，最终都能拥有远超这本书分量的收获。

2022 年 8 月于英国伦敦

推荐序三：拉康反"牙医"

塞尔吉奥·本韦努托 [1]

在雅克·拉康逝世三十周年之际，各种关于他的书籍接连出版。对很多人来说，这也是衡量拉康教学的历史重要性及其相关性（或非相关性）的机会，我也将尝试在这里做同样的事情。其中的一本书便是法国精神分析界最重要的历史学家伊丽莎白·卢迪内斯库所写的《拉康：不顾一切》。尽管这位作者也是拉康思想的倾慕者，但她并不隶属于任何拉康派团体。实际上，她在本书中写道（而我们只能赞同这一点）："让拉康的概念性遗产与临床性遗产保持鲜活的唯一方式，便是不忠实于它。"这句话也呼应了拉康对其追随者的建议："做我所做的，但不要模仿我。"

在本书中，卢迪内斯库非常巧妙地同时描绘了拉康的

1 塞尔吉奥·本韦努托（Sergio Benvenuto，1948 年生），意大利著名精神分析家、哲学家兼作家，他是著名的《欧洲精神分析期刊》（*EJP*）的创始人兼总主编，意大利国家研究委员会（CNR）下设"认知科学与技术研究院"（ISTC）的研究员，基辅国际深度心理学研究所精神分析专业的名誉教授，早年曾在巴黎七大学习心理学，并在巴黎高师参加雅克·拉康与罗兰·巴特的研讨班，其研究涵盖精神分析、社会心理学、语言哲学与政治理论等诸多领域，长期以来致力于精神分析与哲学的思想对话，著有《与拉康对话：理解拉康七讲》与《何谓性倒错：性欲、伦理学与精神分析》等。——译者注

人格肖像及其思想肖像，并尝试把一些与他有关的本质性的东西传递给大众。在这里，我提议要根据卢迪内斯库的这部历史学著作来衡量拉康的思想，我相信她也会赞同这样一种事业。我们精神生活的时代与拉康逝世的时代相去甚远吗？卢迪内斯库用来描述我们生活时代的话语是非常激烈而简洁的："我们的时代是'个人主义'与'实用主义'盛行的时代。这个时代偏爱当下的时刻、价值的评估、经济决定论、各种民意测验、即时性、相对主义，以及安全性的保障。这样的时代不但培养出对投身革命与知识精英的拒斥乃至对思想的蔑视，更是孕育出透明性与邪恶的性倒错享乐，而且催生出在以人类的神经元或其基因来解释人性的基础上对情感和情绪的展现。"难道这一切皆使拉康变得与我们的"时代精神"不和谐了吗？

除此之外，在一些国家也存在着一种有关拉康及其精神分析运动的广泛性误解。让我在这里补充一些在卢迪内斯库看来没有必要向其法语读者提供的基本信息。例如，在意大利，很多人都认为"拉康主义"仍然是一种局限于"法国文化贫民区"的现象。然而，现实情况则是，拉康主义盛行于几乎所有的拉美国家，而且在所有的西方国家——甚至在俄罗斯和美国——也都存在着一些极其活跃且颇具影响的拉康学派。一些著名的英文作者甚至都曾受到拉康的启发。不过，此种错误信息也是这样一个事实的必然结果，即分析家通常都会从他自己的组织或倾向的狭隘视角来看待精神分析，并因此忽视正在其他地方发生的事情（在其他学派发展上的这一盲点也同样折磨着很多拉康派）。

那么，拉康派是精神分析在今天的主要变体之一吗？如同克莱因派、对象关系派、自体分析派、温尼科特派、自我心理学派与荣格派等那样。我不会这么说，因为在拉康派精神分析中存在着某种无法化约的"域外性"——此种域外性也解释了为什么有些人会给它指派某种独一性的特权；而对另一些人来说，它只是一种令人恼火的精神分析病理学。

同弗洛伊德和荣格一道，拉康也是极少数能够得到知识界和知识分子们严肃对待的分析家之一，特别是那些历史学家、人类学家、哲学家与文化学者。当今最受欢迎的评论家之一斯拉沃热·齐泽克就全盘接纳了拉康的思想。实际上，很少见到一位非分析家写出一部重要的著作来讲述那些赫赫有名的后弗洛伊德主义者——无论是克莱因、温尼科特、比昂、科胡特、拉普朗什，还是科恩伯格。他们仅仅在"分析部落"里才是"伟大"的。因而，我们便看到了这样一种奇怪的现象，即拉康派享有盛誉——至少在知识界里——甚至在其临床实践仍然处于边缘地位的那些国家里也是如此，例如那些英语国家。在伦敦，如果我们随机向一位精神分析家或心理治疗师询问拉康的事情，他们很可能会回答自己没有读过拉康，而一位艺术评论家、历史学家、文化人类学家或女性主义学者则会回答他们读过拉康，或者至少没有忽略他。我们如何解释拉康在广泛的"人文主义"领域中的成功，而除了那些拉美国家外，拉康派却始终有些陌异于"心理医生"呢？这并不仅仅是一个文化社会学的问题，毋宁说它提出了一个至关重要的问题来把握拉康主义的关键所在：在拉康对精神分析的重写之中，究竟是什么令人如此印象深刻，以至于这一文化一直都被贴上"后现代主义"的标签？紧随卢迪内斯库提出的那些意见之后，我可能也会提出一对基本的回答——一个是"哲学—理论性"的回答，另一个则是"伦理—临床性"的回答。

拉康还是能够把弗洛伊德的理论改写进一种"非实证主义"基调的少数人之一——而且在这少数人当中，他还是最具原创性和最具杰出性的人之一；简而言之，弗洛伊德的理论并不符合所谓的"科学心理学"（如今已被"认知科学"吞并）。他经由黑格尔、海德格尔与科耶夫的思想——也就是说，是以一种断然的"超验论"基调——重新解释了弗洛伊德的理论。康德对哲学超验论的发明分裂了西方文化：一部分文化重新受到了康德的感召，尽管是以极其多变的方式（从黑格尔到马克思，从胡塞尔到海德格尔，从尼采到福柯），从而阐发出英语国家中所谓的"欧陆思想"，这些基本上都是后康德主义的思想；而在那些英语国家中盛行的另一部分文化，实际上则从来没有做出过这样的超验论预设，从而发展出各种形式的经验主义、科学理性主义、实证主义、分析哲学，乃至深受达尔文主义启发的当代"心灵哲学"。这道文化的分水岭恰恰是经由伊曼纽尔·康德。

康德开创了哲学超验论，当时他曾在《纯粹理性批判》的"先验感性论"中说明了空间和时间就其本身而言并非空间性和时间性的现象，而是世界总是时空性的现象学建构的先验可能性条件。空间与时间是预设的，简而言之是先验的开口，从中诞生出经验的世界。任何拒绝这一康德式区分的人都无法被写入"欧陆思想"的传统。

现在，拉康则以一种断然的超验论基调来重新解释（但并非继承）弗洛伊德的精神分析。当然，其他一些人，例如保罗·利科（Ricoeur, 1965），也曾试图在一种解释学—现象学的基调中创作并出版一部关于弗洛伊德的论著；然而，仅仅在一年之后（1966），拉康《著作集》的旋风便将利科的《论解释：评弗洛伊德》降格至第二位。

此种超验论选择的一个必然结果便是，（一方面）作为主体科学的精神分析与（另一方面）作为实证科学的心理学之间的分裂（拉康有时也会研究心理学和生物学，例如亨利·瓦隆与雅各布·冯·于克斯屈尔，但他完全没有把它们重新写入"心理学"或"生物学"的框架）。拉康会说，精神分析不是一种"心理学"，而是一种"情欲学"（erotology）。也就是说，它是一种在广义上涉及各种"情欲性"联结的理论与实践，也是一种把主体看作"欲望者"或"享乐者"的理论与实践。对拉康而言，弗洛伊德标志着从笛卡尔式"我思"到黑格尔式"我欲"的过渡。拉康后期则更加关注"享乐"（jouissance）。我们可以说，对弗洛伊德而言，现代智人（Home sapiens）在本质上是一种"思想的肉身"（carnis cogitans），这里的"肉身"是在中世纪的意义上来说的，即欲望、痛苦并享乐的存在。对拉康而言，人类存在则是一种"说话的肉身"（carnis loquens），即一种言说的欲望者。不过，这里还是有一个重要的差异：在拉康看来，这一基本前提还联系着一个"批判性"动因，正是它把精神分析变成了一种有关欲望与享乐的革命性实践；因而，它便假设了一种非常类似于马克思主义在经济学和社会学领域中的意义，因为就其本身而言，马克思主义并非一种社会经济学，而是对社会经济学的一种超验性"批判"。"欧陆"超验论是不满于"世界现状"的一种感召。虽然弗洛伊德及其大部分的追随者都持有相当保守的政治思想，但是在法国，精神分析却奇怪地总是被看作某种颠覆性的东西。

一位远离拉康的分析家朋友曾习惯于说他是一位"灵

魂牙医"（dentist of the soul），以强调其工作的工匠性和修复性特征。此外，拉康归于精神分析的功能却是牙科医学的反面：拉康将其他人眼中的精神病学技术断然导向了一种明显是狄奥尼索斯式的"酒神"方向（在尼采的意义上）——他是一个"花花公子式牙医"（dandy dentist）。

对拉康而言，无意识——因而是人性的可能超验性条件——存在于"逻各斯"（logos）即"话语"或"道"之中。为了说明这一点的影响，拉康同样返回到实证主义科学——在他那个时代的所谓"结构语言学"——但是，通过把无意识变成一种语言的效果，或是人类言说能力的效果，他明显地把语言置入了在康德那里由空间和时间（还有那些心灵的先验性范畴）来维系的"条件性"位置。现代智人被拉康重新命名为"言在"（parlêtre）。对海德格尔来说，人类的存在是一种"此在"（Dasein），而对拉康来说，他是一种"言在"，一种言说的存在。这一超验性预设把拉康变得非常亲近于任何曾接受超验论思想训练的人，无论是马克思主义者、尼采主义者、现象学家，还是解构主义者。

出于这一原因，对跟超验论思想不相干的人来说，拉康的思想便显得相当不讨喜，或者坦白地说是遭人憎恶的。的确，拉康的写作往往都是无法穿透且令人费解的，但是即便当他的思想得到了清晰且系统性的解释的时候，对那些没有扎根于康德－黑格尔式磨坊中的心智来说，它仍然是无法理解的。

最近几年来，我一直在俄罗斯和俄语国家中开设研讨班和研讨会，在那里我经常被要求向那些有志向的俄罗斯精神分析家阐明拉康的思想。与西方世界不同，这些精神分析家尚未受到各大精神分析学派的制约——简而言之，对于任何方法或取径，这些人都是非常开放的，而且在某种意义上，他们也都是从零开始的。因此，当我谈论拉康并试图尽自己最大的可能将其变得具有清晰性和教学性的时候，在我看来，听众们便会迅速分化成两个阵营：一部分人会着迷于他的思想并想要进行更加深入的钻研；另一部分人则会迅速把他的思想当作某种抽象、晦涩且无用的东西而加以拒绝。或许，在人类中存在着两种不同的大脑结构，一种是"超验主义"的，另一种则是"实证主义"的。

然而，拉康的目标还是在于科学，不过是以一种杰出的法国知识分子的风格——这在根本上是一种笛卡尔式的风格——对他来说，真正的科学并非实证性的而是数学性的（卢迪内斯库注意到，拉康家里有 60 册数学和几何学方面的书籍）。他的梦想是要找到一种关于分析实践的"几何学"（或者更具几何学色彩的"拓扑学"）描述。

在临床的层面上，拉康也将一种对称性的扭曲应用到自己的理论取径上：他曾想要切断分析实践与各种医学实践或医疗辅助实践（即治疗技术）之间的任何联系。正如在他的理论中那样，他让精神分析从科学心理学中分裂出来，而在实践的层面上，他也让分析从承诺恢复一种假设的"健康"的各种治疗形式中分裂出来。出于这个原因，相比于"分析的技术"，拉康会更多地谈到主体的"伦理性位置"（伦理学是某种实践性而非技术性的东西，因为与技术不同，伦理隐含着主体性）。

所有这些都导致他的实践变成了越来越具有挑衅性的"极简主义"。对此，卢迪内斯库写道："在1975年之后，会谈的持续时间则干脆缩减到没有持续时间和没有会谈的情况。"分析者（即做分析的人，拉康就是这样来称呼病人的）进来，跟他打招呼，然后离开。会谈从根本上被缩减成一种"打卡"。对任何厌恶拉康的人来说，这都明显是其冒名顶替或是其年迈衰退的证据。但是，难道我们不能将他这种"露骨"的实践看作针对精神分析的一种微妙、讽刺且不自主的责难吗？通过从精神分析中净化出其全部的"谈话性"虚饰，甚至将它化约为一种几乎转瞬即逝但必不可少的"心跳"，难道他事实上不是在"清洗"精神分析吗？难道不是每一种"过度净化"——就像俄国画家马列维奇的至上主义画作《白上白》（*White on White*）那样——都将其自身消解在一种"抹除"之中吗？这里的悖论在于：拉康一方面极大地理想化了精神分析，同时将它变成了一种绝对特殊的思想方式与行动方式（不可化约为心理学、精神病学、心理治疗与认知科学等）；但另一方面，此种理想化本身实际上包含着一种针对精神分析的批判，因为从根本上说，它是建立在"假象"（semblant 或 semblance）基础上的某种东西——可比拟为一个同时也是马克思主义者的大资本家。人们往往会产生这样一种印象，即拉康给精神分析树立起一座令人赞叹的"自我批判性"的纪念碑。这一点或许也解释了为什么在精神分析的那些最强力支持者当中，最终转向其最强烈反对者的很多人都有拉康派的背景，例如米克尔·博尔希－雅各布森（Mikkel Borch-Jacobsen）。净化，抹除——借由此种方法，拉康无疑是在试图抵达某种本质性东西的界限，是在努力触及"一种绝对差异"。正是此种"绝对差异"把我们每个人都变成了一种无意义的"独特性"（meaningless singularity）。

因而，拉康便丝毫没有给我们提供一种有益健康且令人安心的精神分析的形象，而是把精神分析铭刻进一种从根本上是悲剧性的愿景之中。我们会认为，很少有人能够消化此种悲剧性的愿景。拉康扩展了弗洛伊德思想中的那种悲剧性倾向，即便——正如卢迪内斯库所指出的那样——他更偏爱"安提戈涅"的模型而非"俄狄浦斯"的模型。也就是说，后者顽固且倔强地忠于其自身的"法则"，而前者则总是会打破不恰当的城邦律法——这里的"悲剧"

并非在"悲伤"的意义上来说的，而是在尼采的"快乐的知识"的意义上来说的。在拉康的研讨班（我曾跟随了多年）中存在着某种令我们发笑的东西，在他身上也存在着某种"小丑般"的东西会让我们联想到莎士比亚的"愚者"，他会同时娱乐又嘲弄他的主子，但也会分享自己痛苦的命运。这一点也解释了为什么很多人都会对拉康派论文在那么多国家得到知识分子、分析家和病人的青睐感到震惊（拉康派在世界上是尤其众多的，特别是当我们考虑到其思想的那种令人望而却步的特征时）。

因而，拉康便坚定地主张这样一种观点，即分析家并不想要治愈其病人（消除症状）。在他看来，重要的是为了分析而分析，就像为了艺术而艺术那样，即便此种出于对分析的热爱而进行的分析也同样会（侥幸）导致痛苦的减轻。拉康的女婿雅克–阿兰·米勒（Jacques-Alain Miller）甚至说"拉康的实践是失败的"，但其优点也恰恰在于此。一直以来，拉康派实践经常会被人们同禅宗大师的那种充满悖论性且往往是带有诽谤性的实践相比较。例如，在射箭的技艺中：只有当一个人在意识层面上不试图射中靶心的时候，他才能够命中靶心。对拉康而言，分析便不是为了治愈主体的症状，因为在他看来，"焦点症状"并非一种对自由的自我表达的阻碍；恰恰相反，它是主体性自身的本质。症状允许主体去肯定其自身的根本特殊性。

此外，拉康并不相信分析要追求自由的理想；相反，他总是会用尖刻的反讽来拒绝"自由主义""自由意志""自由""自由企业"或萨特的"绝对自由"，从而提醒我们，我们每个人总是会被其自身与他者的象征性联结或大他者的言语决定。拉康的很多著名格言都将他写入了从叔本华经由弗洛伊德再到齐奥朗的那一悲观主义者的联盟——更不用说他晚年的思想主旨："没有性关系。"（谢天谢地，性行为还是在进行的，但这恰恰是因为在两性之间没有任何关系。）那么，这样一种错综复杂且令人沮丧的思想又如何会吸引那么多人呢？

或许，这是因为"行动上的自由"——拉康在极大程度上践行了此种自由——只有通过从哲学上嘲笑各种"自由的意识形态"才能够肯定其自身。

实际上，恰恰只有在把人类自由当作其预设前提的现象学与黑格尔哲学的背景之下，我们才能够全面理解拉康针对"自由主义美声"（liberal bel canto）的这一批判。总的来说，这似乎就像拉康针对某些概念而发起的每一次攻击都在与其镜像的某种分离中消耗殆尽：根据"自由"来攻击那些"自由的意识形态"，根据"意义"的虚幻来攻击那些"意义的意识形态"，以实在界的名义来谴责那种"技术性实在"的强加，等等。拉康的每一场智识性战斗，他的每一句论战性格言，都会把他的"自嘲性光环"变得越来越大：谴责颂扬 x 的某种东西会使真正的 X 在没有颂扬它的情况下变得一目了然。

很多文化人（尤其是那些在其情感上与激进左派有关联的文化人）都曾受到拉康的诱惑，因为他以一种精巧的机智和几何的精神表达出对当今"技术科学"所做出的"伟大承诺"的拒绝，即建立一个让身体和灵魂因技术而变得幸福且高效的世界，建立一种完全由科学知识（即循证伦理和循证政治）来检测并管控的生活，对那些向这种"世界承诺"发起激进性和浪漫性挑战的人来说——因为这个世界显得越来越像奥尔德斯·赫胥黎（Aldous Huxley）笔下的"美丽新世界"（Brave New World）——拉康给他们提供了一种声音和一些工具。他以一种严格但又超现实的方式表达出一种紧迫性，那些古代的神秘主义基督徒曾将此种紧迫性称作"一种对不在场的强烈欲望"。简而言之，这是一种针对技术科学计划的"宏伟且进步的命运"的悲喜剧式的反抗。如同其他"否定性思想"一样——吉尔·德勒兹、克里斯托弗·拉什、让·鲍德里亚或法兰克福学派——拉康主义甚至还化身为一种对"技术统治论理想"的拒绝，它拒绝那种渴望被这一技术统治论收编的精神分析。恰恰是出于这个原因，拉康主义或许才会越来越多地变成一种大众精神分析。这是一个奇怪的结论，不过它也只是在表面上如此。

在卢迪内斯库看来，拉康对"正常性"的拒绝主要派生自他跟那些超现实主义者的友谊，但这也派生自他对像波德莱尔那样的"花花公子式人物"的认同。拉康或许是最后一位伟大的花花公子，这可并不仅仅是因为他为自己量身定制的那些只有他才敢穿的令人难以置信且明显不可思议的"奇装异服"。花花公子是一种偏离常规且特立独行的"离心式人物"（eccentric figure），他会讽刺性地通过宣称自己陌异于他所在社会的任何"智识标准"或"道德规范"来寻求"社会成功"。他的激情在于倾覆那些毫无争议的陈词滥调，不是出于任何旨在改革的政治性意图，而是为了相对于"乌合之众"来肯定其自身不可化约的多样性——其结果便是在今天盛行一种对"花花公子"的大众崇拜。以巴黎拉雪兹神父墓园的奥斯卡·王尔德（Oscar Wilde）的墓地为例，他是被埋葬在那里的无数名人中最受追捧的一位，也是人们致以热情而动人的敬意的对象。在王尔德的"纨绔时髦"与拉康的之间存在某种亲缘性。事实上，拉康最著名的一些格言——譬如"爱就是将其自身所没有之物给予某个不想要它的人"——也极其类似于王尔德最著名的一些煽动性扭曲的说法——譬如"生活模仿艺术远甚于艺术模仿生活""如果一个人讲出了真相，那么他迟早肯定会被人发现"——这些说法都系统性地彻底颠倒了人们所期待的那种老生常谈的意义。拉康对那种可预期的老套乏味的"常识"的蔑视，也可以从他对"母性"的鄙夷之中推断出来（卢迪内斯库在本书中着手处理了这一点）。对那种克莱因式的"母乳至上性"（primacy of the maternal breast），拉康没有表现出任何同情，因为他从根子上憎恨"母亲的乳房"，即所有那些"足够好的观念"（good enough ideas）。

正如在艺术与哲学中一样，每一种精神分析理论都以某种方式表达着对其进行理论化的个人。拉康的学说也表达出他自己身上的一种"根本不确定性"，正是这个部分在诱惑着我们。一方面，他并不相信我们可以自由地建构我们自身的命运，因为我们中的每个人都会被"大他者的欲望"或"大他者的享乐"诱捕——简而言之，作为主体的我们皆是由我们的"主体性历史"所结构的。另一方面，他又在字里行间肯定地说，只要我们承认此种决定性作用，那么便有可能从那一专横且暴虐的"法则"中解脱出来。

即便是"花花公子"也在不断地对抗大他者，也就是说，对抗"人类群体"的那些规则、信仰与价值，尽管这一"人群"也是他试图去吸引的：但正是通过将这一切都颠倒过来——"花花公子"都知道这一点——他才确证了大他者。所有这一切都让这些"花花公子式"的人物变得既具革命性又具守旧性，既具煽动性又具道德性，既具颠覆性又具适应性。像拉康一样，例如：尽管他是一位无神论的浪荡子，但他还是会说天主教（这是他曾在其中接受过教养的宗教）"是唯一真正的宗教"，而且卢迪内斯库也注意到他曾想给自己在意大利安排一场天主教的葬礼。

卢迪内斯库写道：拉康向来都是"一个粗鲁的、滑稽的、可憎的且贪得无厌的人"。他的仰慕者罗兰·巴特曾将他称作"一头吃人妖魔"。一种狂躁的急性子在搅动着他："他甚至还显示出一种强烈的欲望，即想要掌控时间，想要阅读他所收藏的所有书籍，想要拜访所有文化高地，想要占有所有对象。"正是他曾设法掌控的那种焦虑在喂养着此种巨大的不耐烦。近期，米勒（2011）也出版了他的《拉康的一生》（*Vie de Lacan*），他在其中揭示了自己岳父的一些特征，这都是些可能会让拉康名誉扫地的特征。例如，拉康发觉"红色交通灯"是他无法忍受的，有时他宁愿下车继续步行，也不愿等待红灯变绿。他还无法忍受自己在世界上和历史中不可阻挡的前进步伐可能会被某种平庸的"超我主义"打断。他想要让道路变得平坦而空旷，渴望自己迅速溶解在享乐和对事物的贪婪摄取之中。这位比其他任何人都要更加强调法则对于欲望的构成性功能的分析家，在实践中却往往会完全打破那些最简单的法则，即那些道路的规则，这一点难道不是非常奇怪的吗？那么，在他的理论与实践之间是否存在某种矛盾呢？这里的关键在于，拉康强调"法则"的结构性力量，并非为了让我们屈从于此种"法则"，而恰恰是为了培养出一种我们对"父法"永恒且绝望的狄奥尼索斯式憎恨。

简而言之，拉康曾展示出的狂妄和傲慢与明智而谦虚的"灵魂牙医"模型形成了鲜明的对比。不过，难道在分析中就必然不存在某种牙科医学的东西。也就是说，很少有浪漫主义的东西？正如弗洛伊德自己曾承认的那样，精神分析始终都是一种心理治疗，一种缓解痛苦的抱持（拥抱）疗法。一位花花公子式牙医是可能的吗？一个花花公子也可以声称自己是一个令人放心且不错的治疗师？拉康的挑战便在于他宣告了这一不可思议的可能性。

（李新雨 译）

参考文献

Lacan, J. (1966). *Ecrits*. Paris: Seuil.

Miller, J.-A. (2011). *Vie de Lacan*. Paris: Navarin Editeur.

Ricoeur, P. (1965). *De l'interprétation. Essai sur Freud*. Paris: Le Seuil.

Roudinesco, E. (2011). *Lacan, envers et contre tout*. Paris: Seuil.

Wilde, O. (1905 [1889]). *The Decay of Lying*. New York: Brentano.

1

三十年后

我把《法国精神分析史》[1]的第三卷全部献给了雅 9

克·拉康的思想、他的生活、他的著作与他的活动[2]。自

从这部《拉康传》在1993年出版以来，我便时常觉得，

总有一天我将有必要进行一个总结，不仅是对这位充满悖

论性的大师的遗产进行某种盘点，也是对我自己的著作在

精神分析共同体的内部和外部遭遇评论的方式进行某种

清算。

　　大概我自己也曾一度错误地想象，基于一种批判性的

研究路径，一部客观公正的著作将能够平息种种"偏见"

（passions）。又或许马克·布洛赫[3]的那句著名格言——"罗

伯斯庇尔主义者们！还有反罗伯斯庇尔主义者们！我们在

请求你们的慈悲：出于同情，请简单地告诉我们，究竟什 10

---

1 伊丽莎白·卢迪内斯库，《法国精神分析史》（*Histoire de la psychanalyse en France*）第一卷《百年大战：1885—1939》（1982，1986），法亚尔（Fayard）出版社，1994年；第二卷《百年大战：1925—1985》（1986），法亚尔出版社，1994年；第三卷《拉康传：一生梗概及其思想体系的历史》（*Esquisse d'une vie, histoire d'un système de pensée*），1993年；此三卷汇集于重新审阅并校订的新版本，参见巴黎，哈切特（Hachette）出版社，"口袋书系列"，2009年。

2 关于该书的英文版，参见伊丽莎白·卢迪内斯库，《拉康传：一生梗概及其思想体系的历史》（*Jacques Lacan: An Outline of a Life and History of a System of Thought*），芭芭拉·布雷（Barbara Bray）译，纽约，哥伦比亚大学出版社，1997年。该书的中文版已由我的朋友王晨阳翻译，2020年9月由北京联合出版公司出版。——译者注

3 马克·布洛赫（Marc Bloch，1886—1944），法国著名历史学家，年鉴学派创始人之一，其代表性著作有《国王与农奴》《法国乡村史》《封建社会》等。——译者注

么是罗伯斯庇尔"[1]——也就是我曾经放在我书中题名页位置的那句话，这句话最终允许我们不带偏见地思考拉康其人的命运乃至其思想的发展。

尽管结果在很大程度上是正面的，但拉康其人及其著作如今却明显仍在继续受到那些最过度的诠释。因为在这样一个时代里，每一代精神分析家都会倾向于遗忘在此之前曾经发生过的事情，他们不惜去颂扬一个所谓的"黄金时代"（âge d'or）在承袭上与谱系上的时间先在性（antériorité），不会去针对那种能够照亮未来的"过去"进行某种反思。

在这方面，人们还增添了种种妄想，它们时不时地便会显露出来，这些妄想要么是出自那些不太严谨审慎的抨击文作者，要么是出自那些苦于缺乏名声的心理治疗师：弗洛伊德是纳粹分子、反犹主义者、乱伦者、罪犯、招摇撞骗者；拉康更是性变态、野兽、强奸犯、邪教头子、冒名顶替者，同时他还会对自己的妻子、病人、仆人和孩子们出手相向，甚至还有收藏枪械的癖好。这些全都是人们在这一主题上曾经说过的东西，谣言大行其道，而且还在不断地层层加码。

---

1 马克·布洛赫，《为历史学而辩护，或历史学家的职业》（*Apologie pour l'histoire, ou Métier d'historien*），巴黎，阿尔芒·柯林（Armand Colin）出版社，1993 年 [1949 年]，第 157 页。（译按：关于该书的英文版，参见《历史学家的技艺》[*The Historian's Craft*]，彼得·帕特南 [Peter Putnam] 译，曼彻斯特，曼彻斯特大学出版社，1992 年，第 116 页。）

我们的时代是"个人主义"与"实用主义"盛行的时代。这个时代偏爱当下的时刻、价值的评估、经济决定论、各种民意测验、即时性、相对主义，以及安全性的保障。这样的时代不但培养出对投身革命与知识精英的拒斥乃至对思想的蔑视，更是孕育出透明性与邪恶的性倒错享乐，而且催生出在以人类的神经元或其基因来解释人性的基础上对情感和情绪的展现。如此一来，就仿佛某种单一的因果性便足以解释"人类的境遇"（condition humaine）似的。民粹主义在欧洲的兴起，乃至它在某些公然鼓吹种族主义、排外主义与民族主义的知识分子身上所施加的诱惑，或许并非全都无涉于此种情境。

我们不得不说，一种"野蛮资本主义"（capitalisme sauvage）的到来，已然促成了"绝望"（désespérance）与"苦难"（misère）在全球范围内的扩散，而且这样的蔓延也关联着宗教狂热主义（fanatisme religieux）的复兴，因为对某些人而言，这种宗教狂热主义充当着政治性的参照与认同性的经验。在法国，已有超八百万人患有各种精神障碍，而且他们也在尽其所能地治疗自己：药物治疗、心理治疗、平行医学、各种疗法、个人成长、磁疗……我们在民主的世界里处处可见：人们没完没了地发明出那些"自我疗愈"的程序，它们不但远离了科学，更有甚者还往往远离了理性。在这样的世界里，人们对"快乐"（plaisir）

的寻求——而非对"集体幸福"（bonheur collectif）的寻求——便替代了对"真理"（vérité）的渴望。另外，因为精神分析就在于主体对其自身真理的探寻，这便让它进入了带有此种双重倾向的矛盾之中，即在一方面是"享乐主义"（hédonisme），而在另一方面则是"身份的褶皱"（repli identitaire）。

12　　然而，与此同时，我们的时代对它所上演的事情却产生了某种抗议：当危难最为巨大的时候，荷尔德林（Hölderlin）曾如是说道，恰恰也是拯救最为接近的时候[1]——另外这也是希望最大的时候。对此的证据是：在经过三十年针对"造反"（révolte）这一概念本身的那些可笑的批判之后，我们又目睹了一种全新的渴望"大革命"（Révolution）的欲望，出现在将其孕育出来的欧洲之外。

　　因此，就涉及精神分析的历史与它的历史编纂而言，一切便都发生在这样的一种背景之下，而且是"在事后"（après-coup），就像拉康——继弗洛伊德之后，另外也是继弗洛伊德的所有后继者之后——始终都是被时而看作恶魔，时而又奉若偶像，尽管我们也严格地确立各种事实并

1　"但有危难的地方／也有拯救在生长"（Mais aux lieux du péril croît ／ Aussi ce qui sauve）。参见弗里德里希·荷尔德林（Friedrich Hölderlin）的诗歌《帕特默斯》（*Patmos*），收录于《荷尔德林诗集》，古斯塔夫·路德（Gustave Roud）译，巴黎，伽利玛（Gallimard）出版社，"七星诗社丛书"（Bibliothèque de la Pléiade），1976年，第 867 页。

且从多个方面来探究那些真相。由此,便催生出一种摩尼教式的善恶二元论,乃至一种针对历史的否认。另外,精神分析家们也同样不甘示弱:瞧瞧他们那些故弄玄虚的行话、忧郁症式的姿态、面向社会问题的封闭,还有他们的怀旧和乡愁!他们更偏爱"记忆"而非"历史",更偏爱"再三的重复"而非"既定的事实",更偏爱"昔日的时代"而非"现在的时代"。他们甘愿忘记"明天又是崭新的一天"(demain est un autre jour),以至于我们不禁会自问:难道他们没有表现得有时候就像是其学科与其传承的敌人吗?

正是借由指认出这样的事态——在拉康逝世之后的三十年里,精神分析的某个时代(即所谓的"英雄"时代)业已渐渐显现出消亡,而且精神分析家们也都纷纷变成了由国家所规定的一种职业来组织管理的心理治疗师——同时我也观察到正在初露端倪的一种全新的希望,因而我便想要换一种不同的方式,而且这一次也是以更加个人化的方式,即经由一场智识性的冒险来谈论这位已故的伟大思想家的命运。早在 19 世纪末期,这场智识性的冒险(即精神分析)便已然开始展现出它的那些影响,而这恰恰也是奥匈帝国乃至与其密切相关的所有体制正在缓慢衰落的时代,其中包括:父权制的家庭、君主制的王权、对传统的崇尚,以及对未来的拒绝。

关于整整一代人皆参与其中的拉康的生活与他的工作，我想要展现出一些惹人注目的情节，同时我会以自由且主观的方式并带着"后见之明"对其进行评论，以供今日的读者参考。我希望让这本书读起来就像是在叙述拉康的生活与其著作中的一个隐秘部分，仿佛是在漫步于那些鲜少有人涉足的林间小道：一份档案的背面或是其隐藏的暗面便足以使其焕发出光彩，就像在一幅模糊不清的绘画里，那些先前曾遭到遮蔽的幽暗轮廓又重现光亮似的。在此，我想要经由拼凑各种碎片来展现出另一个拉康——这个拉康曾面对他的那些过度行径，面对他的那种"对实在界的激情"（passion du réel）[1]，面对他的那些对象。总而言之，这个拉康遭遇他的实在界，即从他的象征世界中遭到排除的东西。这是一个游走边缘的拉康、一个置身临界的拉康、一个不修边幅的拉康、一个因其"语词新作"（néologisme）的痴狂而心荡神驰的拉康。

正是这个拉康曾经宣告了我们这个时代的降临，他预见了种族主义与社群主义的兴起，预见了人们对无知的激情和对思想的憎恶，预见了"男性特质"（masculinité）的特权性丧失与一种原始的"女性特质"（féminité）的过

---

[1] 这里依据的是法国当代哲学家阿兰·巴迪欧（Alain Badiou）的措辞，参见阿兰·巴迪欧，《世纪》（*Le Siècle*），巴黎，瑟伊出版社，2005年，第54页。（译按：关于该书的英文版，参见《世纪》[*The Century*]，阿尔贝托·托斯卡诺[Alberto Toscano]译，剑桥，政体[Polity]出版社，2007年，第48页。该书中文版已由蓝江译出。）

剩，预见了一个"抑郁型社会"（société dépressive）的到来，预见了启蒙运动与大革命的那些僵局，预见了被抬升至宗教信仰的科学或被抬升至科学话语的宗教与被化约为生物存在的人类之间的一场殊死斗争。1971年，他曾如是说道："过不了多久，我们便会被人们称为种族主义的各种隔离性问题淹没，而这些隔离性问题皆在于去控制在人类的生命繁衍的层面上所发生的事情，鉴于人会说话的事实，这些言说的存在便会发觉他们具有各种各样的意识性问题……"[1]

在拉康逝世三十年之后来重新谈论拉康，也就是要回忆起一场智识性的冒险，这场冒险在我们的现代性之中曾经占据了一个非常重要的位置，而无论人们可能会就此说些什么，它的遗产都仍然是丰富多样的：言论与习性的自由、各种解放运动的跃进——女性的解放、少数族群的解放、同性恋者的解放——在生活、家庭、疯癫、学校与欲望等诸多方面做出改变的欲望，乃至对常规的拒绝，以及僭越带来的快感。

尽管拉康曾挑起了那些不停辱骂他的文人骚客的嫉妒，但他反而借此使自己置身在种种期望的"逆流"之中，犹如一个头脑清醒且带着觉悟的"浪荡子"一般。当然，

---

1 雅克·拉康，《研讨班 XIX：……或者更糟》（*Le Séminaire. Livre XIX, ...ou pire* [1971-1972]），巴黎，瑟伊出版社，2011年。

他也曾相信，对真理的寻求是能够以进步来替代拯救并以文化启蒙来替代蒙昧主义的唯一方式。然而，他又说这里的条件是我们要知道"理性"总是会翻转到其对立面并激起其自身的毁灭。故而，他便捍卫各种仪式、传统与象征结构。那些至今还在拒绝拉康的人，由于他们把他变成了他从来都未曾是的样子，同时又给他贴上了"精神教主"或"民主杀手"的诬蔑性标签，从而他们也就忘记了拉康有时候会反对他自己而直接融入那些变化当中，以至于他也会因其自身的那些语言游戏和文字游戏而怀抱其中的悖论，而这些语言游戏和文字游戏又恰恰都是我们在今天喜欢操弄的东西。可以说，20 世纪是弗洛伊德主义的纪元，而 21 世纪往后则都是拉康主义的纪元。

拉康并未停止去震撼我们！

他出生于 20 世纪的开端，经历过两次残酷的战争，自 1930 年代便开始崭露头角。然而在 1950—1975 年，他却将自己最强大的精神权威施加在法国思想之上。在这一时期，法国先是受到一种社会政治理想的支配——此种社会政治理想承袭自发端于战时"抵抗运动"的两场运动，即"戴高乐主义"与"共产主义"——继而又受到"去殖民化"的支配，最后则是受到 1968 年"五月风暴"的支配，故而

16

法国当时便把自己看作世界上最有文化的国家。在这样的一个国度里，当时的知识分子们在这个"法治国家"的核心皆占据了一个主导性的位置，而其标志便是人们对一个普遍主义与平等主义的"共和国"的崇拜。

在这样的历史背景之下，所有那些建立在"理性"与"进步"之上的向往便都是符合时代潮流的，尤其是那种渴望对所有在当时遇到精神问题的病人的境遇进行集体性改善的计划，其中包括神经症患者、精神病患者、抑郁症患者与犯下轻罪的违法分子等。恰恰是在这样的时代里，拉康却偏要执意断言说，弗洛伊德式的突进既是"民主社会"的唯一可能的前景，也是能够把握"人类复杂性"的所有面向的唯一可能的资源："最坏的即是最好的"（le pire comme le meilleur）。尽管拉康向来都有悲观与反讽的强烈倾向，但他并未因此变成一个狭隘的反动分子。

另外，拉康也是唯一能够以弗洛伊德的方式来思考奥斯维辛（Auschwitz）遗产的精神分析思想家，他同时调用了古希腊的悲剧与萨德侯爵的作品来突显"集中营"的恐怖。在弗洛伊德的一众后继者当中，从来都没有哪个人会像他这样根据纳粹针对犹太人的"灭绝"（extermination）来重新诠释"死亡冲动"（pulsion de mort）的问题。倘若没有此种重铸，又倘若没有拉康对人性中这一最残酷且最黑暗部分所感受到的震慑或迷恋，那么精神分析在法国就

17

可能会变成是承袭自皮埃尔·雅内[1]与特奥多勒·里博[2]，或者更糟糕地是承袭自莱昂·都德[3]、古斯塔夫·勒庞[4]或皮埃尔·德布雷-利兹[5]的一种可悲的"医学心理学"（psychologie médicale）的事务。

---

[1] 皮埃尔·雅内（Pierre Janet, 1859—1947），法国著名哲学家、心理学家兼精神科医生，与弗洛伊德同是法国催眠大师让-马丁·沙柯（Jean-Martin Charcot, 1825—1893）的学生，因其提出"下意识"或"潜意识"（subconscient）的概念，曾与弗洛伊德的"无意识"（inconscient）理论分庭抗礼，其主要著作有《癔症的心理状态》《神经症》《记忆的发展与时间的概念》《人格的心理发展》等。——译者注

[2] 特奥多勒·里博（Théodule Ribot, 1839—1916），法国心理学家，早期机能主义代表人物，著有《当代英国心理学》《意志的疾病》《注意心理学》《论创造性想象》《感觉的逻辑》等。——译者注

[3] 莱昂·都德（Léon Daudet, 1867—1942），法国作家兼社会活动家，他是法国著名作家阿尔丰斯·都德（Alphonse Daudet, 1840—1897）之子，龚古尔学院（Académie Goncourt）成员，一生著述颇丰，包括小说、散文与回忆录等若干体裁。其写于1894年的第一部小说《庸医》（Les Morticoles）影射的是他早年的学医经历以及他与法国著名神经病学家让-马丁·沙柯之间的矛盾关系。——译者注

[4] 古斯塔夫·勒庞（Gustave Le Bon, 1841—1931），法国著名心理学家兼社会学家，群体心理学奠基者，其1895年的代表性著作《乌合之众：大众心理研究》在人文社科领域中曾产生过巨大影响。——译者注

[5] 皮埃尔·德布雷-利兹（Pierre Debray-Ritzen, 1922—1993），法国精神病学家，"时钟俱乐部"成员，著有《遗传学与精神病学》《弗洛伊德式学究》《精神分析这个冒牌货》等。——译者注

2

从维也纳到巴黎

随着一种全新的"意识形态构型"在19世纪末期趁 19
着"君主制王权"的衰落而显现出来——此种新型意识形
态的基础被奠定在对群众的恐惧，对种族不平等议题的拥
护，乃至对可治理民众的一种科学性理想的信仰之上——
相反，弗洛伊德的伟大发现也作为能够促进个人自由并且
关心探索人性中非理性部分的一种全新的人道主义运动而
得以展开。

身为一位思想开明的保守论者，弗洛伊德曾一度相信
民主的到来可能会标志着"文明"相对于"野蛮"的胜利。
然而，身为一名黑暗启蒙的出色信徒，他却又同样相信人
类永远都不可能取得这一胜利，而且每个时代也可能总是
会因人类的进步本身而遭受人性中那些最具毁灭性的冲动
的持续性返回的威胁。换句话说，他坚持主张人类需要"挫
折"（frustration）来容纳其自身的侵凌性（agressivité）及
其自身的性冲动，但是这样的挫折又会使人类变得不幸， 20
因为在所有生物中，与其他动物不同的是，唯有人类会受
到他们能够意识到其存在的一种毁灭性欲望所侵扰。

拉康在其探究人类社会的路径上则显得更加阴沉，或
许他也同样因其有关民主政体之脆弱性的思想而显得更加
惹人注目，他更多关心的是疯狂、犯罪与神秘主义，最后

他还显得更加动荡不安。简言之，拉康明显独步于弗洛伊德的一众后继者——从梅兰妮·克莱因[1]到唐纳德·温尼科特[2]，还有很多其他的人——因为他在很早的时候便跟那种将精神分析化约为临床材料的精神分析观念拉开了相对的距离。

弗洛伊德此前曾拒绝了哲学，他曾一度有失公允地将哲学比作一种偏执狂的体系，从而转向了生物学、神话学与考古学。拉康则走上了一条相反的道路，因为他把精神分析重新写入了哲学的历史，同时他还把哲学思想重新引入了弗洛伊德的素材。随后，通过把"主人话语"（discours du maître）对立于"分析家话语"（discours de l'analyste），他又故意把精神分析变成了一种针对哲学的"解毒剂"（antidote）或一种"反哲学"（antiphilosophie）[3]。故而，他便冒着反对启蒙哲学家们的风险而与蒙昧主义或反启蒙

1 梅兰妮·克莱因（Melanie Klein，1882—1960），奥地利籍英国著名精神分析家，儿童精神分析先驱，曾与安娜·弗洛伊德（Anna Freud）的"自我心理学"分庭抗礼，其思想一直都是后弗洛伊德主义精神分析中的主流，其主要著作皆已译为中文，包括《儿童精神分析》《爱、罪疚与修复》《嫉羡与感恩》《儿童分析的故事》。——译者注

2 唐纳德·温尼科特（Donald Winnicott，1896—1971），继克莱因之后最重要的英国儿童精神分析思想家，对象关系学派的代表人物，提出"促进性环境""足够好的母亲""原初母性贯注"与"抱持"等概念，其有关"过渡性对象"与"过渡性空间"的概念对拉康产生了深远的影响，代表性著作有《游戏与现实》《抱持与解释》《婴儿与母亲》《成熟过程与促进性环境》等。——译者注

3 关于拉康的"反哲学"，可参见阿兰·巴迪欧在其《反哲学》研讨班的第三卷（Le Séminaire - Lacan: L'antiphilosophie 3 [1994-1995]）中对此的讨论，巴黎，法亚尔出版社，2013年。——译者注

运动的帮凶们同流合污[1]。

当然，拉康也是一位精神科医生，因此也是一位临床 21
工作者，但他实际上也可能会化作别的身份，尽管就像人
们常常忘却的那样，他在公共医学方面还曾肩负着一种真
正的使命。另外，他也从来都没有离开过巴黎的"圣安娜
医院"（l'hôpital Sainte-Anne）：那是"我的高墙"（mes
murailles），他曾这么说道，当时他因苦于没有得到足够
的理解而声称自己是在"对墙言说"（parler aux murs）[2]。
他起先是在圣安娜医院当住院实习医生，继而又在那里搞
研讨班讲座，最后则是超出了合理性的范畴，在那里致力
于"病例展示"（présentation de malades）的惯例。况且，
正是以此种"病例展示"的名义，他才在数以千计的临床
心理学家与心理健康工作者的眼里收获了一种真正的声望。
难道他没有给"体制心理治疗"[3]的那些创立者的主题赋予

---

1 对此的迹象尤其可见于拉康的《冒失鬼说》（L'étourdit, 1973），收录于《著作
别集》（Autres écrits），巴黎，瑟伊出版社，2001年，第449-497页；以及《研讨
班 XVII：精神分析的反面》（Séminaire XVII: L'Envers de la psychanalyse [1969-1970]）。
也可参见阿兰·巴迪欧，《反哲学：拉康与柏拉图》（L'antiphilosophie: Lacan et
Platon），载于《条件》（Conditions），巴黎，瑟伊出版社，1992年，第306-326页。
亦可参见柯莱特·索莱尔（Colette Soler），《作为反哲学家的拉康》（Lacan en
antiphilosophe），载于《哲学通报》（Filozofski）第 XXVII 卷第 2 期，2006年，第
121-144页；以及阿兰·巴迪欧关于拉康的研讨班，巴黎高等师范学院，1994-1995年。
2 参见雅克·拉康，《我对墙言说》（Je parles aux murs），巴黎，瑟伊出版社，2011年。——
译者注
3 "体制心理治疗"（psychothérapie institutionnelle）又译"机构心理治疗"，它是
基于改变传统精神病院的体制并强调群体动力与医患关系的一种心理治疗，也是于
1960年代在法国掀起的一场"反精神病学"旋风，其特点在于关注精神病院功能的
社群化与人性化，目的在于使精神病人得到更好的护理并提升生活质量，其标志性
的场所除了弗朗索瓦·托斯盖尔（François Tosquelles）主持的圣阿尔邦医院之外，
还有让·乌黑（Jean Oury）主持的著名"拉博德诊所"（La Borde），菲利克斯·加
塔利（Félix Guattari）、吉奈特·米肖（Ginette Michaud）与婕斯拉·潘柯夫（Gisela
Pankow）等人都曾是这场运动的中坚分子。——译者注

一种增强的魅力吗？"体制心理治疗"出现在战时"抵抗运动"的中心，它诞生在位于洛泽尔省（Lozère）的圣阿尔邦医院（l'hôpital de Saint-Alban），它的几位发起人当时正在那里推行一种更多服务于病人而不再是服从于源自旧时"疯人院秩序"的古老分类的心理医学。

在第一次世界大战期间，作为斯坦尼斯拉斯中学（collège Stanislas）的学生，拉康本来曾打算选择政治家的职业生涯，他乐于将自己看作20世纪的"拉斯蒂涅"[1]。他当时对一切都产生了兴趣，其中包括新文学、詹姆斯·乔伊斯[2]的作品、莫拉斯[3]的风格、莱昂·布洛瓦[4]的那些令人绝望的诅咒、放荡玩乐、极限体验与尼采哲学等。而且他当时还极其厌恶自己的家庭出身：一位笃信宗教的母亲、一位商贸代理的父亲——他的父亲因其自己的父亲（拉康的祖父）与出身醋商的祖先们的全能而被压得不堪重负。在某种意义上，拉康便可以说是拒绝了他自己

22

---

1 拉斯蒂涅（Rastignac）是巴尔扎克的小说《高老头》乃至整个《人间喜剧》中的人物。——译者注
2 詹姆斯·乔伊斯（James Joyce，1882—1941），爱尔兰最伟大的小说家兼诗人，"意识流"写作代表人物，著有《都柏林人》《一个青年艺术家的肖像》《尤利西斯》《芬尼根的守灵夜》等。——译者注
3 查尔斯·莫拉斯（Charles Maurras，1868—1952），法国记者、散文家、诗人兼政治家，法兰西学院院士，曾在"二战"期间支持维希政权和反犹立法，其政治思想在法国的右翼与极右翼运动中发挥过重要作用，著有《智识的未来》《秩序与无序》《宗教民主》《囚犯的独白》等。——译者注
4 莱昂·布洛瓦（Léon Bloy，1846—1917），法国小说家、散文家，因其《绝望者》而闻名。——译者注

曾出身于其中的那种沙文主义的"深久法兰西"[1]（France profonde）。于是，他便开始着迷于那些巴黎的知识精英，着迷于各种前卫运动（达达主义与超现实主义），着迷于各种奇装异服，着迷于各种罕见食材，着迷于欧洲文化的那些高地（伦敦与罗马），另外还最终着迷于各种女人——这些女人无论如何都不像是他自己的母亲，而且无论如何都不具有所谓的"母性"。对于让他倾慕的那些女人，拉康总是表现出一种极端的慷慨[2]。

拉康既是他自己的母亲，又是他自己的父亲，另外还是他自己的祖先，因此，他便对占有各种事物与存在产生了欲望：他喜欢名录、喜欢收藏、喜欢未经编辑的手稿和那些罕见的版本。这位伟大的理论家——其理论涉及对象关系、缺失的必要性，乃至对父亲的象征功能的价值重估——终其一生都在思考要如何来反对他自己：反对他在成为父亲上的困难，反对缺失的焦虑，反对他对母亲们的厌弃。他时常都会梦想着把自己变成他喜欢成为的样子：一则文本、一个女人、一名诗人、一位艺术家、一个小丑、一位圣人，又或者是因其智慧且将以色列人民引向其权力

23

---

1 指在法国摆脱了"主导意识形态"与"巴黎文化霸权"的那些特别带有"土味儿"的心理文化和人口地域，即在外省城镇文化、法国乡村生活与农业耕种文化中存在的那些"深刻而久远"的"法兰西"面向。——译者注

2 所有的证据在这方面都是趋向一致的，尤其是我从莫妮可·列维－斯特劳斯（Monique Lévi-Strauss）、玛德琳娜·夏普沙尔（Madeleine Chapsal）、珍妮·奥布里（Jenny Aubry）、弗朗索瓦兹·吉鲁（Françoise Giroud）和玛丽－皮埃尔·德·科斯·布里萨克（Marie-Pierre de Cossé Brissac）那里能够收集到的证词。

巅峰而闻名的"大卫之子"所罗门（Salomon）。

作为精神分析家和其学派的领袖，他也同样为其男性弟子们充当着母亲，并为其女性学生们充当着父亲。他既不能离弃他们（或她们），又不能出于他们自身而爱上他们（或她们），而一旦他因选择某一派系而反对另一派系的时候，他就更不能遭任一派系抛弃而又不陷入狂怒与忿恨的危机。拉康曾是他那个世纪的一位冒险家，当然他也是一位萨特式的英雄，然而他更多地是一位巴尔扎克式的人物，因为他当时曾梦想要生活在"旧制度"（Ancien Régime）贵族的"往昔世界"里，即圣西蒙 [1] 与拉罗什富科 [2] 所处的世界。

既不是雨果，也不是大仲马，甚至更不是福楼拜：拉康以其书写来反对的正是 19 世纪的小说文学。然而，他的故事却带有一种巴尔扎克式的命运，只不过这个故事被搬到 20 世纪，并且出于同样的原因而遭到压抑。我曾经说过，拉康的故事，是路易·朗贝尔的青年，贺拉斯·毕昂首的壮年，加上巴尔塔扎尔·克莱斯的晚年 [3]。第一位（朗贝尔）在从最崇高的理想主义（idéalisme）转向最激烈的肉欲主

---

1 圣西蒙（Saint-Simon，1675—1755），即圣西蒙公爵，本名路易·德·路夫鲁瓦（Louis de Rouvroy），路易十四时期的法国政治家，因长篇《回忆录》而闻名。——译者注

2 拉罗什富科（La Rochefoucauld，1613—1680），即弗朗索瓦六世·德·拉罗什富科（François VI de La Rochefoucauld），又称"马西亚克亲王"（prince de Marcillac），17 世纪法国古典作家，以其《道德箴言录》闻名于世。——译者注

3 路易·贝朗尔（Louis Lambert）、贺拉斯·毕昂首（Horace Bianchon）与巴尔塔扎尔·克莱斯（Balthazar Claës）皆是巴尔扎克小说《人间喜剧》中的虚构人物。——译者注

义（sensualisme）之后便陷入了疯狂；第二位（毕昂首）
在医治人类的心灵与肉体上曾是一位令人钦佩的医生，然
而他却受到了自身欲望的暴动所威胁，对待他人非常宽容，　24
对待自己却异常严苛；第三位（克莱斯）则任凭自己被一种
对知识的贪婪所席卷，而这则导致他走向了自我毁灭。

　　如同朗贝尔一样，拉康本可能会在游荡之中自我消殒，
倘若他当时未能经由自己接触到的精神病学知识而直面精
神病院的疯癫。也就是说，遭遇到将他丢回一种令人备受
折磨的家族谱系中的他自己身上的这个部分：他的弟弟马
克－弗朗索瓦（Marc-François）选择了修道士的禁闭生活，
他的母亲艾米丽（Émilie）从来都不曾知道他成了怎样的
人物，他的父亲阿尔弗莱德（Alfred）则想要让他成为一
个贩卖芥末的商人。

　　如同毕昂首一样，拉康也曾在生命中的一个关键性时
刻（1950—1970）抵达了其荣耀的巅峰，因为他当时曾认
为"大屠杀"（Shoah）之后的世界已然压抑了精神分析革
命的本质，而且他认为只有一种可以用来说明"无意识结
构"（structures inconscientes）的方法——那些在各种神
话与语言中被铭写的结构——能够确保精神分析革命的复
兴。此外，通过遵循弗洛伊德与西奥多·阿多诺[1]的道路，

1　西奥多·阿多诺（Theodor Adorno，1903—1969），德国哲学家、社会学家兼作
曲家和音乐理论家，德国法兰克福学派主要代表人物之一，社会批判理论的奠基者，
与马克斯·霍克海默（Max Horkheimer，1895—1973）合著《启蒙辩证法》（*Dialectic
of Enlightenment*）。——译者注

同时依据克劳德·列维－斯特劳斯[1]的著作，他也一心想要让自己登录到一种思想的传统之中，因为这一思想传统能够使他把人类从"隐秘的世界"中拔除出来，在其整个华丽丰盛的著述期间，他冒着把"理性"与"真理"的无能（impuisssance）搬上舞台的风险来实现此种拔除。总之，他不停在悲剧性地面对着死亡与身体衰弱的问题，当时他经常这么说道："我用我的身体在言说，而这具身体却对此一无所知。因此，我总是在道说着超出我所知道的东西。"又或者："生命在等待死亡的时候只想着尽可能地安息。生命只想着死亡。"

最后，如同克莱斯一样，在其生命的最后十年间，拉康也曾屈服于那种"绝对知识"（savoir absolu）的诱惑，他相信自己在那些"扭结"（nœuds）与"辫带"（tresses）或是从另一方面来说（a contrario）在那些"数元"或"数学型"（mathèmes）中发现了一种"逻辑拓扑学"（logico-topologique）的模型，从而能够揭露言语无法道说之物，或是相反道说出无意识无法言说之物。他要么沉浸在暗哑与缄默之中，要么则只能够借助于那些双关语（calembours）、异形字（allographes）、缩合词（mots-

---

1 克劳德·列维－斯特劳斯（Claude Lévi-Strauss, 1908—2009），法国结构主义人类学家，代表性著作有《结构主义人类学》（上下卷）、《忧郁的热带》、《野性思维》、《神话学》等。其论文《亲属关系的基本结构》对拉康的"象征界"概念起到了奠基性的作用。——译者注

valises）与新造词（néologisme）来进行表达[1]——Jules Lacue、jaclaque、affreud、ajoyce、l'Aimée de Mathèse[2]——于是他也就变得好像是垂暮之年的俄狄浦斯那样，作为一个自挖双眼的失落的暴君，被放逐到克洛诺斯（Colone）并同时诅咒他自己的子嗣[3]。

我们要如何向今日的读者们并向我们的后来者们界定这一复杂著述的特殊性呢？

我首先要说的是，尽管拉康的著述呈现出各种面貌，尽管他的著述事实上从未呈现出一部写就且完成的著作的那些特征，然而在它具有某种"内在一致性"的意义上，他的著述却也作为一种思想体系而得以展开，此种"内在一致性"的基础被奠定在那些原创概念的发明以及属于其他学科的那些借来的概念之上，其中包括语言学、哲学、人类学与数学等。

26

拉康的著述因而便是向着种种矛盾的诠释而开放的，如同那些带有"文学现代性"（modernité littéraire）的文

---

1 马塞尔·贝纳布（Marcel Bénabou）、洛朗·科纳兹（Laurent Cornaz）、多米尼克·德·里埃热（Dominique de Liège）、杨·佩里西耶（Yan Pélissier），《雅克·拉康的789个新词》，巴黎，EPEL出版社，2002年。参见本书第13章。
2 这些都是拉康制造的新词，其中"Jules Lacue"与"jaclaque"都是拉康就自己的名字而玩味的文字游戏，"affreud"和"ajoyce"则与"à Freud"和"à Joyce"同音，有向弗洛伊德和乔伊斯致敬的意思，而"a"作为否定性前缀又联系着拉康的对象 a，另外，"affreud"与法文中表示"可怕"的形容词"affreux"发音相近，鉴于这些新词很难直接意译，翻译中只能作音译处理，如"朱尔斯·拉库""雅克拉客""阿弗洛伊德"与"阿乔伊斯"。至于"l'Aimée de Mathèse"则可译作"我论文中的埃梅"。——译者注
3 参见本书第14章。

本一样：因此，拉康的著述是一个开放性的系统，尽管这一系统也往往带有密闭性。对此的证据便在于这样的一个事实：拉康从未想要给自己在世时出版的书籍赋予任何真正的标题。当他在 1966 年汇编自己文集的时候，他给这部文集加上了《著作集》或《写作集》（*Écrits*）的标题；当他在 1970 年找人编辑他为比利时电台所作访谈的录音稿的时候，他也选择了《电台之音》（*Radiophonie*）的标题；同样，在 1974 年，他给自己在其中作为唯一的演员而出现的“电影”加上了《电视》（*Télévision*）的标题[1]。他的“研讨班”讲座也是以《研讨班》（*Le Séminaire*）为标题来进行标记的，而且当他在 1968 年创办杂志的时候，他也决定让其中的文章不以作者的名字而出现。他把这本杂志命名为《即是》（*Scilicet*），在拉丁文中是“显而易见”或“不言自明”（ça va sans dire）的意思，而其副标题则是“你可以知道巴黎弗洛伊德学派的思想”（Tu peux savoir ce qu'en pense L'École freudienne de Paris）。他是这本杂志的主人，也是唯一能够把自己的名字印在上面的人，这本杂志是其学派的机关，但也正是因此，他的学派注定要因为这本杂志并因为他本人而遭到解散。他的

1　《电台之音》是拉康同罗伯特·格奥尔金（Robert Georgin）进行的一次访谈，而《电视》则是伯努瓦·贾柯（Benoît Jacquot）导演的电影的剧情大纲。这两则文本皆被重新收录于《著作别集》（巴黎，瑟伊出版社，2001 年），参见前文引用的著作。（译按：英文版《电视》可参见由德尼斯·奥利耶 [Denis Hollier]、罗莎琳德·克劳斯 [Rosalind Krauss] 与阿奈特·米切尔森 [Annette Michelson] 翻译的版本 [纽约，诺顿出版集团，1990 年]。）

每一项工作最终都只是被命名为某种概要，同时被指涉于某种无法穷尽的文献。我们也可以就此而给出一种极简主义的图样：他出于"午夜在他心中消失"（minuit en soit disparu）的迷梦而参照了马拉美的《伊纪杜尔》（*Igitur*）[1]，出于强加在语言上的碎裂声响而参照了乔伊斯，出于"采取事物的立场"（la parti pris des choses）而参照了弗朗西斯·蓬热[2]。

因此，在弗洛伊德的众多后继者当中，唯有拉康给弗洛伊德的著作赋予了一种哲学性的框架，并且使弗洛伊德的思想摆脱了其生物学的锚定但又没有因此而陷入唯灵论。此种诠释的悖论在于，它把弗洛伊德自己曾与之保持距离的德国哲学思想重新引入了精神分析。尽管拉康随后又想要通过将自己命名为"反哲学家"（antiphilosophe）来废除他的这项贡献，然而此种贡献却还是让他在法国变成了精神分析的唯一大师，而这也给他招来了很多敌意。但是，如果说针对他发起凶残攻击的某些诋毁者是有失公允的话，那么他也给这些人送去了批评的口实：因为他把追随者们都聚集在自己的周围，正是这些追随者以他们的"行话"而促成了拉康教学的晦涩难懂。更糟糕的是，他不能没有

<hr />

1 斯蒂芬·马拉美（Stéphane Mallarmé，1842—1898），法国象征主义诗人与散文家，素有"诗人之王"的美誉，其著名的诗歌《色子一掷，永远改变不了偶然》便出自他的诗集《伊纪杜尔》。——译者注
2 弗朗西斯·蓬热（Francis Ponge，1899—1988），法国作家兼诗人，拉康主要参照的是他的诗集《采取事物的立场》。——译者注

这些追随者，即便他又通过劝告他们不要模仿他而不停地否认他的追随者。

3

镜中的孩子

拉康先前曾痴迷于灵长目动物学，痴迷于那些被关在 　29
迷津里的老鼠的故事，并且还痴迷于猴子和动物园。他也
同样热衷于鸟儿、青蛙和鱼儿，热衷于动物们发出的各种
声音，热衷于中世纪的动物寓言图鉴，并且还热衷于各种
植物。然而，他尤其钟爱的还是自己的爱犬，他曾经把朝
向他本人的那些最为殷切的情感都统统归于这只雌性拳狮
犬，他当时曾这么说道：“她会禁不住朝着我表现出过度
的激情，然而对那些最为胆怯的灵魂，譬如在我的后代中
便存在这样的一些灵魂，她则会呈现出一副令人生畏的模
样。当她开始耷拉着耳朵猛然扑到我身上，并且开始以某
种方式发出低声嘶吼的时候，我家里的人便会担心她这样
紧紧咬住我的袖口不放可以被看作一种威胁，但事实上并
非如此。她是那么爱我，而且我的几个词便足以让一切都
重回秩序……她从来都不曾把我当作别的什么人。”[1]

然而，作为同弗洛伊德一样的达尔文主义者，拉康 　30
却始终都依附于某种自然主义（naturalisme）的倾向——

---

[1] 雅克·拉康，《研讨班 IX：认同》（*Le Séminaire. Livre IX, L'Identification* [1961-1962]），尚未出版，由米歇尔·鲁桑（Michel Roussan）抄录，1961 年 11 月 29 日的研讨班。

布封[1]的自然主义——这种自然主义经过了超现实主义画家们的重审与修改，这些超现实主义画家自己便沉浸在那些非洲的神话艺术的世界里。拉康的文风会令人联想到乔治·德·基里科[2]或是他的老友兼死党萨尔瓦多·达利[3]的某些画作，而且尤其会以令人惊愕的方式让人联想到勒内·马格利特的[4]画作。

这一险象环生且精心雕琢的文风拷问的是"对象"（objet）及其"表象"（représentation）之间的差距，同时它还把"现实"（réalité）化约为被各种公式和各种图式贯穿的一种野蛮的闯入。根据拉康的观点，任何现实都必须以一种对象化的方式加以道说，不带有丝毫的抒情性，因为所有现实首先是一种"实在"（réel），也就是说是一种"妄想"（délire）。拉康对"现实"的描画就如同是一位超现实主义画家可能会做的那样，他的模型是摆在桌子上的一只鸡蛋，但他却会在自己的画布上画出一只展开巨

---

1 乔治-路易·勒克莱尔·德·布封（Georges Louis Leclerc de Buffon，1707—1788），即布封伯爵，法国启蒙运动时期的自然学家兼博物学家，以其《自然史》著称。拉康在其《著作集》的"卷首导言"中曾以"风格即其人"向布封致敬。——译者注
2 乔治·德·基里科（Giorgio De Chirico，1888—1978），意大利画家，其绘画风格受到叔本华与尼采哲学的影响，主要作品有《一条街道的神秘与忧郁》《预言者的报酬》《爱之歌》等。——译者注
3 萨尔瓦多·达利（Salvador Dali，1904—1989），传奇的西班牙超现实主义画家，将弗洛伊德的无意识意象纳入艺术化表达，其代表作有《记忆的永恒》《一条安达鲁犬》等。——译者注
4 勒内·马格利特（Réne Magritte，1898—1967），比利时超现实主义画家，代表性画作有《戴黑帽的男人》《形象的叛逆》《错误的镜子》《人类境况》《比利牛斯山上的城堡》等。——译者注

大翅膀的飞鸟。他把"存在"（êtres）联系于"事物"（choses），把"景象"（paysages）联系于"语词"（mots），把"身体"（corps）联系于"面庞"（visage），把"镜子"（miroirs）联系于"孩子"（enfants）。

恰逢 1936 年，拉康刚刚开始初步涉足黑格尔的哲学，他同雷蒙·格诺[1]、乔治·巴塔耶[2]等人一道参加了亚历山大·科耶夫[3]导读《精神现象学》（*Phénoménologie de l'esprit*）的研讨班，正是这一经历导致他在日后构思出自己的"主体"（sujet）概念与"想象界"（imaginaire）概念。

同年，他在国际精神分析协会（International Psychoanalytical Association，IPA）于马里昂巴（Marienbad）举办的第十四届大会上发表了一篇有关"镜子阶段"（stade du miroir）的著名报告，从而使他宛若一颗流星登上了国际精神分析运动的舞台。在此次大会上，他讲述了一个置身在镜子前面的婴儿的故事，而且不同于猴子的是，面对自己的形象，这个孩子发出了欢呼雀跃的"狂喜"（jubilation）。拉康的发言持续了十分钟：这是尚未封号（avant la lettre）

31

---

1 雷蒙·格诺（Raymond Queneau，1903—1976），法国小说家、诗人兼剧作家，"乌力波"或"潜在文学工厂"（Oulipo）文学实验团体的联合创始人之一，著有《一万亿首诗》。——译者注

2 乔治·巴塔耶（Goeges Bataille，1897—1962），法国作家、哲学家、小说家、诗人兼图书管理员，其作品极具反叛精神，涉及文学、哲学、伦理学与神学领域的一切禁区，代表性著作有《文学与恶》《色情》《眼睛的故事》《内在体验》《爱神的眼泪》等。——译者注

3 亚历山大·科耶夫（Alexandre Kojève，1902—1968），俄罗斯裔法国哲学家、政治家，其"导读黑格尔"的研讨班曾影响了包括萨特、加缪、拉康、巴塔耶与梅洛－庞蒂在内的一众思想家。——译者注

的一次"短时会谈"（séance court）。至于这则文本，没有任何人能够在日后重新找到它的痕迹。国际精神分析协会的重要组织者欧内斯特·琼斯[1]在当天斥责了他在此之前从未听说过的这位法国发言人，因为拉康当时并不尊重会议分配给每位演讲者的发言时间。拉康感到遭受了羞辱，于是便匆匆离开了这届大会，转而赶赴柏林奥运会。这一"纳粹式典礼"的景象终其一生都在缠扰着他。

两年之后，拉康又把自己的这篇报告纳入亨利·瓦隆[2]委托他给《法兰西百科全书》（L'Encyclopédie française）专门撰写的一篇关于"家庭"的文章(1938)。在这篇文章中，"镜子阶段"这一词目包含两个部分："一、镜像的继发性效力"（Puissance seconde de l'image spéculaire）；"二、自我的自恋性结构"（Structure narcissique du moi）。恰恰是从亨利·瓦隆这位共产主义兼黑格尔主义的心理学家那里，他借来了这一专门术语。拉康总是会迅速地抹消原始的档案，省略引用它的出处或来源……随后，他又不停地擦拭瓦隆的名字，显得好像他自己就是这一术语的缔造者一样。

然而，与其说拉康是从瓦隆那里窃取了这一概念，不

---

1 欧内斯特·琼斯（Ernest Jones, 1879—1958），英国精神分析家，弗洛伊德钦定的"秘密委员会"成员之一，曾创建"国际精神分析协会"与"伦敦精神分析学会"，是精神分析协会制度化的先驱，以弗洛伊德传记作者的身份而闻名，代表性著作有《西格蒙德·弗洛伊德的生活与工作》（三卷本）。——译者注

2 亨利·瓦隆（Henri Wallon, 1879—1962），法国心理学家兼政治家，代表性著作有《迫害妄想：基于解释的慢性妄想》《儿童性格的起源》《儿童思维的起源》等。——译者注

如说他是从科耶夫那里汲取了其思想的灵感。科耶夫当时曾指出，1930 年代的现代思想注意到一场全新的革命，即从一种"我思"（*je pense*）哲学（笛卡尔）过渡到一种"我欲"（*je désire*）哲学（弗洛伊德与黑格尔）的革命。换言之，拉康遵循科耶夫认为，"他者"（autre）或"相异性"（altérité）是一种"欲望意识"（conscience désirante）的对象。

瓦隆先前曾把一项实验命名为"镜子试验"（épreuve du miroir），经由这项实验，一个置身在镜子前面的婴儿便渐渐能够将"自己的身体"（corps propre）与其自身所映照出来的形象区分开来。根据瓦隆的观点，这一辩证性的操作得以实现，全凭主体对其"统整性"（unité）在其中建立起来的想象性空间的一种象征性理解。在瓦隆的见解中，"镜子试验"明确指出了从"镜映性"到"想象性"的过渡，继而是从"想象性"到"象征性"的过渡。

然而，拉康却如同是一位超现实主义画家那样，他虽然重新采纳了瓦隆的这一术语，但却仅仅是为了把"镜子试验"变成"镜子阶段"，也就是说变成下列两个概念的一种混合：其一，梅兰妮·克莱因意义上的"精神内心位"（position intrapsychique）；其二，弗洛伊德意义上的"发展性阶段"（stade d'évolution）。如此一来，拉康便消除了对某种"自然辩证法"（dialectique naturelle）的整个参照。在拉康的视角下，"镜子阶段"就变成了一种甚至带有本体论地位的精神性运作，借由"镜子阶段"的运作，人类的"自我"才得以在对其"相似者"（semblable）的想象性认同之中构成其自身。

如同梅兰妮·克莱因一样，拉康当时也采纳了弗洛伊德的"第二地形学"（deuxième topique）——"自我"（moi）、"它我"（ça）与"超我"（surmoi）的人格结构理论——来反对整个"自我心理学"（psychologie du moi）的传统。

33　从1923年开始，精神分析便出现了两种可能的选择：第一种选择即在于把"自我"变成一种从"它我"中逐渐分化出来的产物，让"自我"来充当"现实"的代理，同时让"自我"来负责"冲动"的遏制（即美国学派的"自我心理学"）；另一种选择则恰好相反，它背离了"自我的自主化"（autonomisation du moi）这一观念，而是根据"认同"（identification）来研究"自我"的起源（即后来的"法国学派"）。

根据拉康的说法，他从荷兰胚胎学家路易斯·鲍尔克[1]那里借来了这一思想，镜子阶段的意义应当被联系于人类婴儿的"早产"或"过早出生"——这是由椎体系统在解剖学上的发育不完善所证实的——并且被联系于生命头几个月里的运动不协调。从此时起，并且在之后的几年里更

1　路易斯·鲍尔克（Louis Bolk, 1866—1930），荷兰解剖学家与生物学家，以其"幼态持续"或"胎儿化"的理论而闻名，著有《人化与胎儿化》与《人类起源问题》。——译者注

是如此，拉康都是在不断地远离心理学的目标，而从无意识的角度来描述此一过程。故而，他便最终断言：镜子的世界——自我的原始同一性的位点——并不包含任何的相异性。因此，他便为我们给出了下面这则典型的定义：镜子阶段是一个"相位"（phase），也就是说它是一种"结构"（structure），是紧接着一种"位态"而来的另一种"位态"（état），而不是在该词的进化论意义上的一段"时期"或"阶段"（stade）。

正如弗洛伊德因其说明了"身体的想象地形学"（topographie imaginaire du corps）——"幻想"（fantasme）——永远都不会符合于某种实在的解剖学或是某种神经元的痕迹，从而使自己脱离了神经学那样，拉康也同样发明了一个既不需要某种"发展阶段"也不需要某种"真实镜面"来支撑的"镜子阶段"。

鉴于拉康当时曾迫切地想要重返国际精神分析协会（IPA）的舞台并洗刷他先前所蒙受的耻辱，1949 年他在苏黎世又发表了第二篇关于"镜子阶段"的报告[1]。他在那里又再度碰上了欧内斯特·琼斯，而这一次，琼斯给他留出了宣读文章的时间。当时他要求自己的朋友莫妮卡·列

1　读者可在我的公众号"跨拉康圈"里找到该文的详注译本。——译者注

维－斯特劳斯[1]去打印他的手稿，她也很乐意地这么做了。而当她在理解拉康想要表达的意思上感到些许困难的时候，拉康也给她提供了一些清晰的说明，同时强调他的灵感来自马拉美的散文。

在苏黎世举办的这届国际精神分析大会上，拉康并未像先前那样从"镜子"或"阶段"的概念来立论，也未展开论述"对象"与其"表象"的区隔，而是致力于对精神分析与科学历史上的"主体"概念进行一次广博的反思。因此，他便采用了一个较长的标题：《镜子阶段作为"我"的功能之构成者，正如这一功能是在精神分析的经验中向我们揭示出来的那样》（La stade du miroir comme formateur de la fonction du Je, telle qu'elle nous est rélevée dans l'expérience psychanalytique）[2]。

---

1 莫妮卡·列维－斯特劳斯（Monique Lévi-Strauss，生于1926年），法国纺织史研究员，通过拉康结识人类学家列维－斯特劳斯并成为后者的妻子，著有自传《狼嘴里的童年》。2019年，曾有一部关于她的纪录片在法兰西学院预展中放映，名为《莫妮卡·列维－斯特劳斯，一个世纪中的女人》。——译者注

2 参见雅克·拉康，《著作集》，巴黎，瑟伊出版社，1966年，第93-100页。参见伊丽莎白·卢迪内斯库的《镜子阶段：概念与档案》（Le stade du miroir, concept et archive）一文，收录于让－米歇尔·拉巴泰（Jean-Michel Rabaté）主编的《剑桥拉康指南》（The Cambridge Companion to Lacan），剑桥，剑桥大学出版社，2004年；巴黎，贝雅尔出版社，2004年。

4

重新发明主体

1936 年夏天——这是法国最早的带薪假日——拉康陪　　35
伴当时正怀有五个月身孕的第一任妻子玛丽－路易斯·布
隆丹（Marie-Louis Blondin）一起度过了他们的假期。此时
的拉康刚年满 35 周岁，即将第一次面对"成为父亲"的考
验，他撰写了一篇题为《超越"现实原则"》（Au-delà du
"principe de réalité"）的纲领性文章。在这篇文章里，他
宣告了新一代弗洛伊德主义者的到来，而且他认为自己是
这一代人的领军人物，他给这一代精神分析家指派了"阅
读弗洛伊德"的任务，以反对并排斥整个"自我心理学"。

此种诉诸"反叛"的召集延伸了拉康初始版本的"镜
子阶段"发言。尽管由"人民阵线"（Front populaire）强
制规定的改革已然取得了胜利，但拉康似乎再一次地逆流
而动，他让自己从个体能够适应"现实"或是想要转变"现
实"这样一种思想中挣脱出来，从而反对他那个时代的理
想。此外，他还把心理性的"认同"变成了人类认识的一
种构成性形式，同时提出用"人格的想象性岗位"（postes
imaginaires de la personnalité）来命名弗洛伊德式"第二地　　36
形学"中的三个"动因"（instances），以便从中释放出"我"（je）
这个第四项。他当时给这个"我"指派了一种明确的功能，
即主体在其中能够以想象性的方式将自己再认作"主体"

的地点。

因而，在 1949 年，拉康便不再持有与第二次世界大战前相同的立场。他不仅依托梅兰妮·克莱因与克劳德·列维-斯特劳斯的著作，而且把费尔迪南·德·索绪尔[1]提出的那些语言学原理纳入考量，于是他便从一种建立在现象学基础上的对主体的存在性表征转向了一种关于"主体性"（subjectivité）的结构性概念，根据此种结构性的概念，主体首先便是浸没在语言（langage）之中的，即在对主体起着决定性作用但不为主体所知的一种象征性功能（fonction symbolique）之中。除此之外，他还针对笛卡尔式的"我思"（cogito）哲学进行了一种刺激性的解读。

倘若要理解其中的意涵（signification），那么我们就必须参照他在 1946 年于博内瓦尔（Bonnevel）举办的学术研讨会上所发表的那篇著名报告，即《论精神因果性》（Propos sur la causilite psychique）[2]。

---

1 费尔迪南·德·索绪尔（Ferdinand de Saussure, 1857—1913），瑞士著名语言学家兼符号学家，现代语言学的奠基者，强调语言的共时性维度而非历时性维度，其由"能指"与"所指"构成的"符号"概念影响了整个结构主义思潮，其代表性名著《普通语言学教程》由他的学生在其死后根据课堂笔记整理出版。——译者注

2 在拉康的好友法国精神病学家亨利·埃伊（Henri Ey）的主持下，这届学术研讨会在"二战"后立即召开，同时召集了法国当时动力学精神病学与人本主义精神病学的全体代表。会议的目标则在于根据纳粹德国"占领"法国时期的大屠杀来重新界定关于精神病院监禁的人道主义原则以及对精神病人的治疗：当时在法国有45000多名精神病人由于遭到了其家人们的遗弃而死于饥饿，并非像在德国那样出于消灭精神病人的决定，而是因为 19 世纪的那些大型疯人院在食物短缺的日子里已不再能够给这些精神病人提供伙食。参见伊莎贝尔·冯·布埃尔津格斯洛文（Isabelle von Bueltzingsloewen），《针对精神病人的大屠杀》（L'Hécatombe des fous），巴黎，奥比耶（Aubier）出版社，2007 年。

面对提倡要把神经学与精神病学相结合来建立一种研
究精神机制的"器质性－动力学"（organo-dynamique）
方法的亨利·埃伊[1]，拉康则提倡要按照弗洛伊德的"无意
识模型"来重新思考精神病学的知识。而且一反那些把人
化约为一部"机器"的科学家，如同这一时期的绝大多数
精神病学家一样，拉康当时还曾赞同这样一种信念，即精
神分析可以给精神病学赋予一个"人道主义"的维度。此外，
他当时还曾与"体制心理治疗"的那些创建者保持一致，
同时拒绝那种脱离疯狂的主观体验来描述客观症状的精神
病学思想[2]。

正是出于此种原因，拉康当时便鼓吹了一场朝向笛卡
尔思想的伟大回归：这并不单单是回归一种"我思"的哲
学，而是回归一种能够思考"疯狂的因果性"的思想。在
这篇文章中，他用几行字对笛卡尔《沉思录》（*Méditations*）
第一部分中的一段话进行了一番评论。后来，法国哲学家
米歇尔·福柯（Michel Foucault）与雅克·德里达（Jacques

---

1 亨利·埃伊（Henri Ey, 1900—1977），法国精神病学家兼神经学家，"博内瓦
尔精神病院"领导人，"器质性动力学"的倡导人，他曾于1945年同哲学人类学家
马林诺夫斯基（Minkowski）共同创办《精神病学演进》（*L'Évolution psychiatrique*）
杂志并担任其主编，尔后又于1950年创建"世界精神病学协会"（Association
mondiale de psychiatrie, AMP）并担任其主席，同时还是拉康毕生的朋友。其代表
性著作有《疯癫的自然史》《神经学与精神病学的关系》《神经症与精神病的心因
性问题》等。——译者注
2 此种精神病学思想连同那些医疗保险和认知行为主义的描述一起构成了当今精神
病学的主流，并经由《精神障碍统计与诊断手册》（*Manuel diagnostique et statistique
des troubles mentaux*，DSM）的不同版本而背离了传统精神病学的话语。

Derrida）之间那场著名的论战便是围绕这段话展开的[1]："我
又如何能够否认这两只手与这具身体是属于我的呢？除非
也许是我在把自己跟某些精神失常的人做比较，他们的
脑子由于胆汁的黑气而变得如此浑浊不堪与模糊不清，以
至于他们总是会在自己非常穷困潦倒的时候宣称自己是国
王；在他们一丝不挂的时候宣称自己穿着雍容华贵的服装；
又或者他们会想象自己变成了一些空空的瓶罐，或是想象
自己拥有一具透明的玻璃身体。然而，怎么会呢！他们都
是些疯子，而如果我把他们当作榜样，那么我的荒诞程度
也就跟他们不相上下了。"[2]

因而，拉康早在1946年便已然理解到——正如雅克·德
里达稍后所做的那样——笛卡尔对现代思想的奠基并未将
"疯狂"的现象从"我思"的理性中排除出去。

如果我们把此种立场与拉康在1949年有关"镜子阶段"
的立场进行一番比较，那么我们便会察觉到拉康观点的转
变。在1946年援引笛卡尔（的思想）之后，他现在则摒弃
了笛卡尔主义，转而强调精神分析的经验"从根本上对立
于任何从'我思'发端而来的哲学"。在1966年的版本里——

---

1 参见雅克·德里达，《我思与疯癫的历史》（Cogito et histoire de la folie [1964]），收录于《书写与差异》（L'Écriture et la Différence），巴黎，瑟伊出版社，1967年，第51-97页；米歇尔·福柯，《古典时代的疯癫史》（Histoire de la folie à l'âge classique），巴黎，伽利玛出版社，1972年 [1961年]。
2 这段话出自法国哲学家笛卡尔的名著《沉思录》。其英文版可参见笛卡尔的《哲学写作》（Philosophical Writings），伊丽莎白·安斯科姆（Elizabeth Anscombe）与彼得·托马斯·吉奇（Peter Thomas Geach）编译，伦敦，尼尔逊大学出版社，1975年，第62页。——译者注

发表于《著作集》的那则版本——他又对自己的这篇报告进行了修改，同时更加强调自己对笛卡尔主义的批判，他在那里说道：精神分析"对立于任何直接从'我思'发端而来的哲学"。

因此，我们便会清晰地看到拉康的思想在1936—1949年曾发生了怎样的演变：首先，在第一时间上，他制作了一种有关"想象界"的现象学理论与一种有关"对象物"的超现实理论，同时他又让自己远离了有关"阶段"的生物学概念；继而，在第二时间上，他又诉诸笛卡尔式的"理性"，从而说明了"疯狂"拥有其自身逻辑，而一旦脱离了"我思"，我们便无法去思考此种逻辑；最后，在第三时间上，他又发明了一种有关"主体"的理论，这一主体理论否决的不是笛卡尔式的"我思"，而是从"我思"中衍生出来的一种"自我心理学"的传统[1]。

39

---

1 所有这些文本皆收录于由弗朗索瓦·瓦尔（François Wahl）编辑的拉康《著作集》，同前引书，参见第11章。

5

家庭：吾之所爱，亦吾之所恨

除了让自己依托于现象学并继而依托于结构主义和索 41
绪尔的语言学之外，倘若拉康自1938年起便没有把现代"西
方家庭"的人类学变异纳入考量的话，那么他对"主体""镜
子阶段""区隔的对象""我思"与"疯狂"进行的这种
反思便会显得毫无价值可言。因为就精神分析作为一门学
科而言，它是无法免除在这一问题上进行反思的。毕竟，
弗洛伊德先前就曾借由返回将古希腊的那些"皇室家族"
搬上舞台的各种宏大叙事而将他的思想方法写入了"布尔
乔亚家庭"或"资产阶级家庭"内部的各种关系嬗变的漫
长历史之中：儿子针对父亲的反叛、意图控制的欲望（而
非意图压抑的欲望）、幼儿性欲、多形态性倒错、同性恋，
最后还有以其各种各样的形式而表现出来的"女性特质"
（féminité）。

正是在其随后的一篇以《个体形成中的家庭情结》为
题的文章里，拉康曾经对西方家庭在"第二次世界大战" 42
前夕的状态进行了一种庞大的综合[1]。在这篇文章里，拉康
曾把那些临床上与精神病理学方面的考量同精神分析、人
类学与社会学等不同理论的分析结合起来，以便理解"家庭"

---

1 雅克·拉康，《个体形成中的家庭情结》（Les complexes familiaux dans la formation
de l'individu），载于《著作别集》，同前引书，第23-84页。

的地位及其演化。

　　当时，拉康不但把路易斯·德·博纳尔德[1]的论点同亚里士多德与埃米尔·涂尔干[2]的论点联系起来，而且从德国生物学家雅各布·冯·于克斯屈尔[3]的论点中获得了启发，于克斯屈尔曾指出某种环境的归属应当被看作每一物种在其生存经验中对这一环境的内化，他由此变革了有关动物行为学与人类行为学的研究。正是基于这些参照，拉康当时便给现代"核心家庭"（famille nucléaire）描画了一幅衰落的景象，同时他还指出：主体在某种环境中的"锚定"（ancrage）不应被理解为在自由个体与某一社会之间所订立的某种契约，而应当被理解为在某种环境与单一个体之间所建立的一种依附性关系，因为个体本身便是由对这一环境的各种要素进行"内化"（intériorisation）的一些特定行动所决定的。

1　路易斯·德·博纳尔德（Louis de Bonald，1754—1840），即博纳尔德子爵，法国政治家、哲学家兼散文家，被认为是社会学的先驱之一，但作为正统主义者曾反对法国大革命并抨击《人权宣言》，倡导回归法国王室和罗马教会，也是卢梭《社会契约论》的主要论敌。代表性著作有《政治与宗教权力理论》《社会教育理论》《有关社会秩序的自然规律的分析论文》《社会构成性原则的哲学论证》等。——译者注

2　埃米尔·涂尔干（Émile Durkheim，1858—1917），法国著名社会学家，现代社会学的奠基人之一，主要著作有《孟德斯鸠对社会科学的贡献》《社会分工论》《社会学方法规则》《论自杀》《职业伦理与公民道德》《乱伦禁忌及其起源》《宗教生活的基本形式：澳大利亚的图腾系统》等。——译者注

3　雅各布·冯·于克斯屈尔（Jakob von Uexküll，1864—1944），德国生物学家兼哲学家，是在康拉德·洛伦茨（Konrad Lorenz，1903—1989）之前的动物行为学先驱，也是生物符号学的奠基人，其"周围世界"（Umwelt）或"自身世界"（monde propre）的概念曾对拉康和海德格尔等思想家产生过深远的影响，代表性著作有《周围世界与内在世界》《理论生物学》《动物世界与人类世界》等。——译者注

　　拉康当时曾强调，家庭是作为那些"无意识表象"（représentations inconscientes）或"意象"（imagos）的集合而被组织起来的，这些无意识表象或意象是由"父性"（paternité）与"母性"（maternité）的两极来标记的。倘若没有此种"归属"（appartenance）——根据拉康当时的观点，正是这一归属刻画了家庭的"社会有机性"（organicité sociale）特征——那么任何个体的"人化"（humanisation）便都是不可能的。

43

　　从表面上看，拉康当时似乎是把家庭视作一个有机的整体，同时他还毫不犹豫地痛斥了"父性意象"（imago paternelle）的衰落。在他看来，此种"父性意象"的衰落恰恰构成了欧洲社会在 1930 年代末的那种灾难性状态的特征。然而，同那些"反革命"（contre-Révolution）的理论家相反，拉康当时却也反对这样一种思想，即某种对"父权全能"（omnipotence patriarcale）的重新复辟将是针对这一问题的一种解决办法。同样，他当时也拒绝把家庭变成是延续任何种族、领地或继承的关键所在。由于拉康确信父亲从未丧失其古老的统治权，因而他当时便主张，任何旨在恢复"父权统治"的计划都只可能会导向一幅"讽刺画"、一种"鬼把戏"，甚至会导向"法西斯主义"乃至其极具危险性的那些"军事性炫耀"。但是，与此同时，他却又出于同样的原因而否决了所有那些旨在废除家庭的"自由主义""享乐主义"等的意图。因而，拉康的论点便既不是要通过把父亲转化为某种权威式领袖而重新确立起他的男性气概，也不是要通过把家庭的模型消融在一种集体性之中而谎称能够取而代之。

这便是拉康当时从弗洛伊德的姿态中汲取的教训：对于因"君主制王权"的终结而遭到"解构"（déconstruit）的父亲的价值重估只可能是象征性的。在此之前，亨利·柏格森[1]曾在1932年将一种"义务的伦理"（éthique de l'obligation）与一种"向往的伦理"（éthique de l'aspiration）对立起来，而拉康现在则依托于柏格森的这一区分，从而在对母亲的禁止之中看到了某种"原始义务"或是"封闭伦理"的具体形式。"断奶情结"（complexe de sevrage）——抑或"分离情结"（complexe de séparation）——便是对此的表达，因为这一情结试图在某种"母乳意象"（imago du sein maternel）的形式下重新恢复先前中断的喂养关系。拉康当时曾宣称，此种"意象"的存在，就如同一种对"完满"的乡愁的呼唤一般支配着整个人类生活。不过，当此种"意象"并未经由"升华"（sublimation）而能够登录"社会联结"（lien social）中的时候，它便会因其"融合性"而变成某种"致命性"的东西。因此，主体便可能会经由一些自杀性的行动而表现出一种朝向死亡的欲望。与之相反，拉康当时则把"向往"与"开放"的

---

1 亨利·柏格森（Henri Bergson，1859—1941），法国著名哲学家，"生命哲学"的倡导者，主要著作有《论意识的直接予料》《物质与记忆》《创造进化论》《道德和宗教的两大来源》。——译者注

功能定位在某种由"父性"一极所代表的"分离性权威"
（autorité séparatrice）的一边。

故而，在拉康看来，作为充斥着暴力与疯狂并且孕育
出神经症的"坩埚"，家庭便是最糟糕的一种结构——它
是所有其他结构中的例外。因此，他当时便向弗洛伊德致
敬道："这一天才的崇高的偶然事件可能并非只是说明了
这样一个事实，即在当时的维也纳——这个国家首都在当
时曾经是最具多样性的各种家庭形式的'熔炉'（melting-
pot），从那些最古老的家庭形式到那些最新近的家庭形式，
也就是从斯拉夫农民的父系亲属族群的最晚近形式到小资
产阶级家庭的最简约形式，一直到那些不稳定婚姻的最衰
落形式——一个犹太父权制的儿子曾经发明了俄狄浦斯情
结。不管怎样，在 19 世纪末曾起到支配性作用的那些神经
症的形式恰恰揭示出它们在当时都曾紧密地依存于这些家
庭的条件。"[1]

如同弗洛伊德一样，拉康当时也同样对那些开明的保
守主义价值进行了捍卫，正是通过依托于那些"现代人类学"
的议题[2]，他证明了"弗洛伊德主义"能够充当某种防御性
的壁垒：一方面是防御那些旨在废除家庭的企图，另一方
面则是防御那种旨在恢复戴着"酋长假面"的权威式角色
的意图。

45

1　雅克·拉康，《个体形成中的家庭情结》，载于《著作别集》，同前引书，第 61 页。
2　只是在稍后的时候，拉康才依托克劳德·列维–斯特劳斯的著作。

就我个人而言，我向来都认为精神分析乃诞生于某种社会背景之中，此种社会背景在一方面是以"父权制"的衰落为标志的，而在另一方面也是以"哈斯卡拉"[1]的犹太人所带来的那种"普世论"思想的突进为标志的，这些犹太人甚至拒绝了这样一种思想，即存在着关于世界的某种"犹太学问"（science juive）或"犹太目光"（regard juif）。而这恰恰是倘若不经由对"犹太问题"的某种反思，我们便无法书写精神分析历史的原因所在。只有一种能够对这一"共同体锚地"（ancrage communautaire）进行"去神圣化"（désacraliser）的思想，才能够催生出精神分析的发明——这门学科既不区分任何领土，也不区分任何民族，更不区分任何国界。

在弗洛伊德的时代，此种"衰落论"的主题借以表达出来的种种形式与我们在今天看到其繁荣昌盛的那些形式有着极大的不同。我们曾在 19 世纪末的某些思想家与作家那里与之擦肩而过：从理查德·瓦格纳[2]经由雅各布·巴赫芬[3]再到奥古斯特·斯特林堡[4]。但是，弗洛伊德非但没有

1 "哈斯卡拉"（Haskala）即"犹太启蒙运动"，是欧洲犹太人在 18—19 世纪通过借鉴欧洲启蒙运动而与"世俗世界"达成更广泛接触并促进犹太社群更好地融入欧洲文化的一场宗教政治运动。——译者注

2 理查德·瓦格纳（Richard Wagner，1813—1883），德国浪漫主义时期的伟大作曲家兼戏剧家，其代表性剧作有《特里斯坦与伊索尔德》和《尼伯龙根的指环》等。——译者注

3 雅各布·巴赫芬（Jakob Bachofen，1815—1887），瑞士法学家、语言学家、社会学家兼母权制理论家，其代表性著作有《维多利亚·钱德利》等。——译者注

4 奥古斯特·斯特林堡（August Strindberg，1849—1912），瑞典作家、戏剧家兼画家，被称为"现代戏剧之父"，其代表性剧作有《红房间》《父亲》《朱莉小姐》《幽灵奏鸣曲》等，另著有自传体小说《疯子的辩护词》和《地狱》。——译者注

试图恢复此种衰落的形象——就像那些相信"过往的一切皆更好"（tout allait mieux autrefois）的怀旧论者在一个世纪接着一个世纪以来所做的那样——反而将这一形象联系于两个悲剧英雄的命运来对其进行书写：这在一方面是"俄狄浦斯"（Œdipe），而在另一方面则是"哈姆雷特"（Hamlet），其中俄狄浦斯化身为无意识的永恒性，而哈姆雷特则体现了罪疚感的道德心 [1]。

因此，在弗洛伊德的思想中便存在着这样一种"双重运动"：一方面，精神分析恰恰是经由"父权制"的衰落所激起的那些问题而诞生出来的；另一方面，它又试图通过一种全新的"家庭"概念来回应这些问题，并且在这一全新的"家庭"概念里重新定义父亲的位置。

另外，在1976年，米歇尔·福柯曾对拉康早在这一时期便已然觉察到的东西进行过一番评论，他从拉康那里提取出一种在我看来是相当中肯的政治性结论。福柯当时强调，就其本质而言，精神分析不仅在其理论与实践上对立于法西斯主义——尽管那些精神分析从业者并非总是如此 [2]——而且同样具有某种功绩，即精神分析因其给性欲赋予了某种法则并且因其摆脱了那些"不平等理论"的种族主义而具有对控制并规训日常性欲的所有程序持怀疑态度的价值。总而言之，福柯当时承认精神分析作为一门学科

1　参见第14章。

2　让我们不要忘记，有很多精神分析家都曾与那些最糟糕的政治体制有过合作，诸如纳粹主义、法西斯主义与那些拉美的独裁政权。

47　带有某种"政治性荣耀"（honneur politique），同时他也承认弗洛伊德的发明具有某种能力，即能够经由"怀疑"而揭露出那些"统治性权力"的机制。同样，福柯当时还断言精神分析与那些有关"父性衰落"的法则是同一时代的产物。实际上，当弗洛伊德曾在维也纳去倾听这样或那样的癔症女病人针对自己父亲的种种抱怨的时候，这一父亲的形象便越发地在布尔乔亚家庭的核心被抬升至"爱恋对象"的位置。因为如果父亲把自己变成某种针对其子女的具有乱伦性与暴力性的角色，那么他就会遭受法则的判罚[1]。

在这一点上，不像有些人在今天所认为的那样，拉康并不支持以两性之间的生物学差异的优先性来限制家庭的这样一种见解，因为此种观点把女人看作相对于男人来说的一种低劣的存在。尽管拉康也曾明确主张所有的主体皆服从于象征性的"法则"，然而这一法则却无论如何都不类似于作为警察武装的棍棒而被竖立起来的那种反动性的"阳具"。

拉康的家庭观并未先验性地排除这样一个事实，即父母的位置可以由同一性别的人来占据。尽管拉康在 1938 年并未设想到家庭在 60 年之后将会遭遇怎样的命运，然而他

---

1 米歇尔·福柯，《求知意志》（*La Volonté de savoir*），巴黎，伽利玛出版社，1976 年，第 198 页。（译按：关于该书的英文版，参见米歇尔·福柯，《性史》[*The History of Sexuality*] 第一卷，罗伯特·赫尔利 [Robert Hurley] 译，伦敦，艾伦·莱恩 [Allen Lane] 出版社，1979 年，第 130 页。）

当时却给家庭预言了一种光辉灿烂的未来。因为在拉康看来，家庭具有这样一种能力，即它能够产生并整合"正常"与"病态"、"规则"与"偏离"，以及"法则"与对法则的"僭越"。

在纳粹"占领"法国的整个时期，拉康都是在处理自己的"家务事"中度过的。他的婚姻当时完全被建立在一种"误解"之上。玛丽－路易斯·布隆丹当时曾相信自己嫁给了一个完美的男人，以为拉康在婚姻上的忠诚必定配得上她自己梦寐以求的那种幸福。然而，拉康绝非这样一个男人，而且他也永远不可能变成这样一个男人。从他们的婚姻中诞生三个孩子：姐姐卡洛琳娜（Caroline）、弟弟蒂博（Thibaut）与妹妹西比尔（Sibylle）。在 1937 年，拉康与《乡间一日》（*Partie de campagne*）[1] 的女演员西尔维娅·巴塔耶（Sylvia Bataille）坠入了爱河，后者当时已经与乔治·巴塔耶分手。

到 1940 年 9 月，拉康便发觉自己已然置身在一种令他无法承受的境遇之中，他被迫告知自己当时已怀有八个月身孕的合法妻子，说他的情人也同样期待着一个孩子的到来。西尔维娅有着罗马尼亚裔的犹太人血统，她当时在未被占领的"自由区"避难，以避免自己被关进纳粹的集中营。随后，拉康便向在自己第一张婚床上出生的孩子们隐瞒了他还有一个名叫朱迪斯（Judith）的私生女的存在，因而朱

48

---

1 《乡间一日》是由法国导演让·雷诺阿（Jean Renoir）在 1936 年执导的影片。

迪斯在出生时便被冠以巴塔耶的姓氏，一直到 1964 年，拉康才终于得以将他自己的"父名"（patronyme）传给自己的女儿朱迪斯。

正是在这片"沃土"之上，拉康才得以提出有关"父亲的名义"（Nom-du-Père）的理论——这一理论在 1953 年初现轮廓，并在三年之后发展成熟——以便指涉"父性功能"（fonction paternelle）的能指。父亲是这一能指的化身，因为他会用自己的"姓氏"（nom）来命名孩子，从而在孩子看来，父亲才会作为母亲的剥夺者而介入进来（对孩子进行干预）。换句话说，拉康当时便再一次地肯定了"家庭是人类社会的基础"这一事实，而这仅仅是因为家庭受到语言的优先性所支配。对此，拉康曾这么说道，正是语言允许一个主体能够去获得某种身份同一性。

每当拉康想要去抨击他的那些对手的时候——且因此是去鞭挞那些荒谬可笑的"老子"及其"奴才"，即"国际精神分析协会"（IPA）的时候，拉康曾极具讽刺性地将其重新更名为"家族间分析协会"（Interfamilial Analytic Association）——他都不会放过任何机会来给"他自己"的这个"父之名"（Nom-du-Père）再增添一些额外的新词。从单数的"父之名"转向复数的"诸父之名"（des Noms-du-Père），要么是废除大写字母（des noms-du-père），要么是取消连字符（des Noms du Père），还有一些语音上的重构——以至于该术语在这一主题上变得歧义百出。因此，他曾经调侃道："正是在死人的国度里，那些不上当受骗者犯了错"[1]；又或者揶揄说："然而这是一个注定要丧失掉的名字，正如所有那些名字一样，是一个会在其永恒性中自甘堕落的名字！诸父之名啊，这些父亲的驴犊子们，好大的一群啊！"[2] 当然，他还发明了一大堆新词——为什么不呢？——诸如，"大猩猩 – 父亲"（père-Orang）[3]、"朝向 – 父亲"（père-vers）[4]、"父亲的驴犊子们"（ânons du père）、"父亲 – 付钱"（père-versement）[5]、"父亲 – 版本"（père-version）[6]、"父主允许"（permaître）[7]、"父性 – 永恒"（père-ternité）[8] 等。拉康同情父亲，而憎恨母亲和家族，尽管他自己也曾作为一个演员而参与了他所揭露的那些家族内的凌辱。

虽然拉康自己并未参加"抵抗"运动，但是他针对所

---

1 这里的"那些不上当受骗者犯了错"（les non-dupes errent）是拉康第 21 期研讨班的标题，它在法文中与"诸父之名"（les noms-du-père）发言相同，后者也是拉康原定第 11 期研讨班的标题。——译者注

2 马塞尔·贝纳布、洛朗·科纳兹、多米尼克·德·里埃热、杨·佩里西耶，《雅克·拉康的 789 个新词》，同上，第 64-65 页。

3 "大猩猩 – 父亲"（père-Orang）是拉康用"父亲"（père）和"猩猩"（orang）加上连字符而制作的新词。——译者注

4 "朝向 – 父亲"（père-vers）在法语中与"性倒错者"（pervers）发音相同。——译者注

5 "父亲 – 付钱"（père-versement）是拉康用"父亲"（père）和"付钱"（versement）加上连字符而制作的新词。——译者注

6 "父亲 – 版本"（père-version）在法语中与"性倒错"（perversion）发音相同。——译者注

7 "父主允许"（permaître）一词中包含了"父亲"（père）与"主人"（maître），同时其发音与"允许"（permettre）相同，故我将其译作"父主允许"。——译者注

8 "父性 – 永恒"（père-ternité）是拉康用"父亲"（père）、"父性"（paternié）和"永恒"（éternité）缩合而成的新词。——译者注

有形式的反犹主义与种族主义明显表现出某种敌意。他厌恶所有与"通敌合作"（Collabotation）的法奸有关的东西，无论这种关系是近是远，但这并未阻止那些激进的反拉康主义者给拉康扣上一顶"通敌合作者"的帽子。他们诬蔑他是一个维希政权的狗腿子，是一个贝当派分子，甚至是一个反犹主义者，而那些将其当作偶像来崇拜的拉康主义者则硬是给他杜撰出一个"抵抗英雄"的过去。他们中间曾有一位甚至想象说拉康是一个犹太人，想象在这个外来的姓氏下面，他隐藏了自己的真实身份："拉卡诺维奇"（Lacanovitch）。这是一个非常危险的议题，因为它试图将这样一种观念搬演到现实之中，即精神分析本来就是一种"犹太学问"，而对它的革新也只能由一位"犹太人"来承担[1]。

1945年9月，拉康曾前往英格兰访学，考察了由约翰·里克曼[2]与威尔弗莱德·鲁普雷希特·比昂[3]倡导的"无领导小组"的经验，里克曼与比昂两人当时正试图寻找某种可

---

1 这是一个我曾经将其宣告无效的论题，尤其参见我的《重返犹太问题》（*Retour sur la question juive*）一书，巴黎，阿尔宾·米歇尔出版社，2009年。然而，非常遗憾的是，这一论题仍然在那些最顽固不化的社群主义者的思想中流传。

2 约翰·里克曼（John Rickman，1891—1951），英国精神病学家兼精神分析家，曾先后与弗洛伊德、费伦齐和克莱因进行过三段个人分析，后加入英国精神分析协会的"独立团体"，曾在克莱因与安娜·弗洛伊德的论战中发挥了重要作用，同时他还促进了英国精神分析协会内部的体制民主化，其代表性著作有《关于精神病的精神分析理论的进展》。——译者注

3 威尔弗莱德·鲁普雷希特·比昂（Wilfred Ruprecht Bion，1897—1979），英国著名精神分析家兼精神病学家，他也是团体治疗与精神病理论化的先驱，其代表性著作有《从经验中学习》《群体动力学》《专注与解释》《精神分析的元素》《未来回忆录》等。——译者注

能性，以便对英国军队内部的那些不法分子进行重新编制。拉康回国之后，在一次关于英国精神病学的报告性讲座上，一反常态，对自己此前曾不断对其进行批判的这一"适应性模式"的种种优点大加赞赏。他当时这么说道，相比于教唆个体去模仿那些领袖，我们最好还是要更加重视某种对"集体性理想"的认同的价值。

从有关家庭的反思到有关集体性的社会与精神运作的评论，拉康最终提出了一种关于自由的学说，此种学说完全对立于萨特式存在主义的自由学说。实际上，根据拉康的观点，他人并非地狱，因为进入对某种身份同一性的认同总是假设了一种经由"法则"来中介的与他人的关系。自由远非某种意识性决定的结果，它因而从属于某种带有无意识性质的命令式逻辑（impératif logique），而单凭此种逻辑，主体便可以打破自身对其"奴性意象"（imago de servitude）的归属。换句话说，为了获得自由，主体必须能够去衡量由无意识强加给主体性的那些决定性因素。

二十年后，拉康又延伸了他对"群体"和"自由"问题的反思，从而建构出他自己的"四大话语"理论，其中前三种话语是"主人话语"（discours du maître）、"癔症话语"（discours de l'hystérique）与"大学话语"（discours de l'université）——主人是专制属性的持有者；癔症是失败反抗的受托者；大学是学术知识的继承者。另外，他还把"分析家话语"（discours de l'analyste）同前三种话语对

51

立起来，因为在他看来，只有精神分析的话语能够破除其他三种话语并取而代之。再一次，他又给精神分析指派了一种颠覆性的功能。

拉康还从马克思那里借来了"剩余价值"（plus-value）的概念，他继而指出"剩余价值"的概念可以在精神上等价于"剩余享乐"（plus-de-jouir）的概念——这又是一个新词。因而，拉康便从中推断出，哪怕"自由解放"（émancipation）是有其价值的，它也永远不可能是没有限制的；否则，它便会在一种自由主义的无限灾难或是在一种逃离整个象征化的剩余享乐的黑暗大陆中淹没主体的欲望。随后，以一种实用主义的方式，拉康又将他的"四大话语"理论应用到1968年"五月风暴"事件上，其直接的目的在于让他的那些在这场政治性交战中误入歧途且丧失理智的弟子重新返回精神分析之中，因为在拉康看来，这场政治运动是非常极端且荒诞可笑的。

带着从科耶夫那里继承下来的一种旋风式的飞跃，拉康当时曾断言，相比于革命废除掉其统治的那个主人而言，革命总是会以重新发明一个更加专制的主人而告终。然而，在他看来更加糟糕的是，如果革命者没有注意到这一点的话，那么革命便终有一日会陷入这样一种危险之中，即革命所依托的科学会被抬升至某种宗教，从而会产生这样一个世界，在其中任何形式的主体性都将可能会遭到放逐[1]。

1 参见雅克·拉康，《研讨班XVII：精神分析的反面》（*Séminaire. Livre XVII: L'Envers de la Psychanalyse* [1969-1970]），巴黎，瑟伊出版社，1991年。

对 1960—1970 年代的年轻人来说，拉康无疑是一个充满觉悟的清醒者：通过自称是一种制约其"过剩"的法则的担保，他重新安置了人们对革命的欲望。

米歇尔·福柯曾在 1981 年评论了这一政治性立场，他在当时强调了萨特与拉康在何种程度上可以被看作两个"交替登场的同代人"[1]。我再三考虑之后重拾了福柯的这一判断，因为当我对吉尔·德勒兹与米歇尔·德·塞托[2]进行研究的时候，让我十分震惊的是，自 1943 年开始，萨特与拉康这两位自由思想大师的理论处境和政治处境便在不断地相互交迭、相互冲突或是相互碰撞，而他们两人却从未遇见过彼此。萨特如同一位年老的兄长，而拉康则如同一位严厉的父亲，他们两人都避免了这些青年在 1968 年 5 月之后突然转向恐怖主义。然而，这一明显的事实并未阻止拉康与萨特的诋毁者将他们比喻为敌对民主政治的暴怒独裁者，说他们还会煽动自己的信徒去投放炸弹。

53

---

1 参见伊丽莎白·卢迪内斯库，《法国精神分析史》第三卷，巴黎，哈切特出版社，"口袋书系列"，2009 年，第 1900 页。

2 米歇尔·德·塞托（Michel de Certeau，1925—1986），法国哲学家、神学家兼历史学家，曾是拉康创建的巴黎弗洛伊德学派的成员，深受拉康和精神分析思想方法的影响，其主要著作有《历史的缺位》《语言的政治》《历史的书写》《历史与精神分析：在科学与虚构之间》《日常生活实践》《他者的地点》《神秘的寓言》等。——译者注

6

爱上玛格丽特

正如几乎所有医治人类灵魂的医生一样，拉康也曾将其最初的名声归功于一例女性的个案，归功于一个疯狂的女人的存在——玛格丽特·安齐厄（Marguerite Anzieu）——他在自己 1932 年完成答辩的医学博士论文中将其化名为"埃梅"（Aimée）[1]。

我们都知道，在由大师们所教授的那些个案故事的背后，那些使他们能够创造出其学说的主体的故事，就如同一张"隐迹稿纸"（palimpseste）一般，也在匿名且无声地诉说着。

她们的悲剧生活向来都是科学研究的对象，就像那些更加骇人恐怖的异人、畸形人或是所谓的"劣等种族"也同样会受到科学的研究一样。这些"非正常人类"先是在 19 世纪初的那些市集博览会上展览，随后又遭到当时的科学家们冷酷无情的研究，其中包括乔治·居维叶[2]、艾蒂安·若弗鲁瓦·圣－希莱尔[3]、让－艾蒂安·埃斯基

1　在法语中，Aimée 意为"被爱的女人"。关于拉康的"埃梅"个案，可参见卢迪内斯库在《拉康传》中的相关论述，也可参见让·阿鲁什（Jean Allouch）在《玛格丽特，或拉康的埃梅》（*Marguerite, ou l'aimée de Lacan*）一书中的精彩评论。——译者注
2　乔治·居维叶（Georges Cuvier，1796—1832），法国博物学家兼动物学家，古生物学的奠基人，著有《动物王国》。——译者注
3　艾蒂安·若弗鲁瓦·圣－希莱尔（Étienne Geoffroy Saint-Hilaire，1772—1844），法国博物学家，著有《解剖哲学》《埃及探险》《宇宙法则》等。——译者注

罗尔 [1]、弗朗兹·约瑟夫·加尔 [2]，当然还有很多其他人。在这些"案例人民"（peuple des cas）的国度里，女人往往占据了其中的绝大多数——从安娜–约瑟夫·西洛瓦涅·德·梅里考特 [3] 到霍屯督的维纳斯 [4]——不过我们也会在其中碰到不少性倒错者、犯罪者、精神错乱者、同性恋者与"手淫"儿童等。简而言之，这些人在当时被整个地认为是"异类"（或是无生育能力的人），他们不仅化身为人类与动物之间的缺失环节——为什么不呢？——而且还体现了理性的人类与其兽性的反面之间的缺失环节。因而，一种"差异性"便被抬升到"普遍性"的层面之上：一方面，这些事情的政治是基于观察和评估而建立的；另一方面，这些主体的世界也注定要按照一种固着性的理想而遭到"分门别类"。

如果说我们必须感谢达尔文让这一"缺失环节"的主

1 让–艾蒂安·埃斯基罗尔（Jean-Étienne Esquirol, 1772—1840），法国精神病学家，曾在著名的萨尔佩特里医院（Salpêtrière）跟从菲利普·皮奈尔（Phillipe Pinel）学习，对推动现代精神病院的建设有着巨大贡献，其代表性著作有《在医学、卫生学与法医学报告下来看待的精神疾病》（三卷本）。——译者注

2 弗朗兹·约瑟夫·加尔（Franz Josef Gall, 1758—1828），德国生理学家兼神经解剖学家，"颅相学"的创始人，被认为是研究大脑中心理功能定位的先驱，著有《论大脑及其各个部分的功能》。——译者注

3 安娜–约瑟夫·西洛瓦涅·德·梅里考特（Anne-Josèphe Théroigne de Méricourt, 1762—1817），法国大革命时期的女英雄，也是历史上最早的女权主义者之一，因其在大革命报刊上的形象与其日后的精神疯癫而闻名，拉康曾在《研讨班 III：精神病》中对她有过简短提及。——译者注

4 "霍屯督的维纳斯"（Vénus hottentote），本名萨吉·巴特曼（Saartjie Baartman, 1788—1815），是一名柯桑伊妇女，因其硕大的臀部而被奴役到欧洲各地展出，是欧洲人眼中"劣等种族"的象征。——译者注

题化为乌有——此种"缺失环节"被认为是将黑人与猴子联系起来，从而将文明的白人排除出动物的王国——那么我们也必须感谢弗洛伊德继毕斯奎侯爵[1]之后首度倾覆了给大师赋予垄断性话语权的那一等级制度，只有大师才有资格去翻译所观察的主体的话语。在一种全新的精神科学的场景之上，这一话语的突然闯入——且因此是女人的话语的蜂拥而至——无疑便在弗洛伊德主义的历史上构成了一个根本性的时刻。

当然，弗洛伊德及其后继者们把话语权交给被倾听的主体——而不再是被观察的主体——仅仅是为了提供在评估方面无法找到的证据来证明其理论的真实性与其治疗的有效性。因此，他们便给历史学家们留下了某种任务，迫使历史学家们不得不去关心解构这些个案评论的神话性效力，同时用被"科学性虚构"掩盖的真正病人的真实故事来替代这些个案评论，尽管从来都不是要去抹消它们。另外，就某种程度而言，人们在今天也已然公认，解除个案的匿名性在这一领域中已构成所有形式的严肃历史文献的基础。同样，解除匿名性在捐精程序中也势在必行，这就好像对一个主体来说，了解生物学的起源与揭露迄今为止遭到抹

1　毕斯奎侯爵（marquis de Puységur，1751—1825），本名阿曼德·马里·雅克·德·查斯特内（Amand Marie Jacques de Chastenet），本是出身法国贵族的一名炮兵将领，后跟从麦斯麦学习"磁疗"，被认为是催眠术的前科学创始人之一，精神分析史家亨利·艾伦伯格（Henri Ellenberger）曾在其《无意识的发现》一书中称他为"心理科学史上被遗忘的伟大贡献者之一"。——译者注

消的档案有着同等的核心重要性一样。

如果说治疗师会为了证明其论点的有效性而重构个案的虚构，那么病人则试图知道其体验到的东西是正向还是负向。为了传递其体验，他便会求助于一种自我书写的实践，从而表达出与治疗师的希望完全不同的另一种视角。至于历史学家们对治疗真实性的重建，则使话语权有可能被交给那些没有书写的存在，他们的痕迹是在那些档案里被重新发现的。

所有这些叙事性的结构尽管在相互之间是有所区别的，但它们却经由其在每个时代的共同存在而证明了一种"批判性意识"（conscience critique）与一种"体验性意识"（conscience vécu）之间的不断分野，前者是那些知识分子与历史学家的意识，后者则是那些亲历者与见证人的意识。

在我们今天这个时代，已不再有可能去编撰关于个案的宏大叙事。实际上，这三十多年来，小说家们已然以大规模的方式反向转化了治疗的技术，这要么是因为他们自己便作为病人而遭遇治疗技术，要么则是因为他们通过成为其"自我历史"（ego-histoire）的叙述者而对精神分析家们进行了增补。这种"自我虚构"（autofiction）因其奠定在叙事者、作者与主人公之间的一种一致性原则的基础上而更加突显了一种"摆脱内部审查"（affranchie des censures intérieurs）的叙事[1]，从而取代了从"新小说"（Nouveau Roman）中衍生出来的那种描述形式主义（formalisme descriptif）[2]，后者因其将情节性、主体性与心理性完全剥离出去，导致每部小说作品看上去都像是一份个案病历。

自此以后，由于作者们已不再服从于那些能够将现实转化为某种远离情感的叙事的审美化规则——与马塞尔·普鲁斯特[3]、菲利普·罗斯[4]或塞尔日·杜布洛夫斯基[5]的遗产相一致——自我虚构的当代手法便最终将文学化约为对所谓的真实性、性欲与情绪的戏剧化搬演，即某种允许作者将自己看作能够医治其自身病理性的临床医生的自我传记。

此外，在对自我虚构的推崇得到发展的同时，由于电视、互联网与大众交流的普及，病人们也都摇身变成了其自身神经症的"自白者"。因此，精神分析家们便发觉自

59

1　"自我虚构"（autofiction）是作家塞尔日·杜布洛夫斯基（Serge Doubrovsky）曾在其 1977 年的小说《儿子》（Fils）中创造的新词，用来指代一种文学体裁，这一文学体裁是通过将两种叙事类型联系起来的一种协约而加以定义的，即自传（autobiographie）与虚构（fiction）。因此，它涉及的是在作者生活的真实性叙事与作者用来探索生命体验的虚构性叙事之前的某种交叉。

2　"新小说"是从 1957 年开始用来描述这一文学流派的术语：阿兰·罗布 - 格里耶（Allan Robbe-Grillet）、娜塔莉·萨洛特（Nathalie Sarraute）与克劳德·西蒙（Claude Simon）。（译按：这一文学思潮深受弗洛伊德的精神分析、柏格森的生命哲学与胡塞尔的现象学影响。）

3　马塞尔·普鲁斯特（Marcel Proust，1871—1922），法国著名小说家，著有《追忆似水年华》。——译者注

4　菲利普·罗斯（Philip Roth，1933—2018），美国小说家，曾多次提名诺贝尔文学奖并获得国家图书奖、福克纳小说奖、普利策文学奖等重要奖项，著有《再见吧，哥伦布》《美国牧歌》《人类的污点》等。——译者注

5　塞尔日·杜布洛夫斯基（1928—2017），法国作家兼批评理论家，他自己发表过多部自传体小说，也是"自我虚构"（autofiction）一词的发明者。——译者注

己被剥夺了他们作为个案评论者的地位。更何况当上述病人在其治疗师用他们的治疗来构筑的叙事中认出自己的时候，而这又让他们感到不恰当或不舒服的话，他们还获得了在法庭面前起诉其治疗师的权利。

因而，随着主体对医疗机构的代表给予的信任的消失，批判性意识与体验性意识之间的这一祖传性分野似乎也就从我们的视野中消失不见了。由此产生的结果便是，当代的精神分析家们都纷纷放弃了先前在知识分子行当中流通的那些伟大的案例，而更加偏好旨在阐明临床导向的某一面向的那些微小的个案叙事。

我从未遇见过玛格丽特·安齐厄，但多亏了她的儿子迪迪耶·安齐厄[1]，我才能够对她的历史进行重构，她的故事是如此独特，但又与其他疯女人们的故事如此相似，这些疯女人都许可了某些精神分析大师去提出他们自己的临床理论[2]。

玛格丽特跟拉康一样都出身于一个天主教的家庭和乡下的环境，她是被一位患有"迫害妄想"症状的母亲抚养

---

1 迪迪耶·安齐厄（Didier Anzieu, 1923—1999），法国精神分析家，以其"皮肤自我"（moi-peau）的概念而闻名，著有《弗洛伊德的自我分析》《皮肤自我》《创造与毁灭》等。——译者注

2 也可参见让·阿鲁什，《玛格丽特，或拉康的埃梅》，重新修订与增补的第二版，巴黎，EPEL 出版社，1994 年。

长大的。以一种现代版爱玛·包法利[1]的方式，她在很早的
时候就曾梦想要成为一个他者，一个跟她自己的过去完全
不同的人：一位知识分子、一位小说作者。

　　1910 年，玛格丽特进入政府的邮局部门工作，七年之
后，她嫁给了一位公务员。1921 年，她便开始表现出一种
奇怪的行为：迫害妄想与抑郁状态。于是，她便将自己安
置在一种双重生活之中：一方面是她作为邮电员的活动的
日常世界，另一方面则是充斥着各种妄想的一种想象性存
在。1930 年，她曾接连撰写过两部小说并想要将它们付梓
出版，然而她很快便确信自己是盖特·迪弗洛[2]一方的迫害
性企图的受害者，后者曾是 1930 年代巴黎名面场上的一位
著名的喜剧女演员。1931 年 4 月，她便试图用一把匕首将
其杀死，但是这位女演员却避开了这一击，而玛格丽特则
被关进了圣安娜精神病院；6 月，她在圣安娜医院向拉康
吐露了隐情，而拉康则把她变成了一例"钟情妄想"与"自
我惩罚型偏执狂"的案例。

　　在这位精神科医生与玛格丽特之间从来都没有产生过
丝毫的相互理解。她当时完全无意去接受治疗或接受照顾；
而拉康也没有试图去说服她把自己视作一个病人，他对这
个女人产生兴趣，仅仅是为了阐明他自己的偏执狂理论。

1　爱玛·包法利（Emma Bovary）即福楼拜笔下著名的"包法利"夫人。——译者注
2　于盖特·迪弗洛（Huguette Duflos，1887—1982），法国女演员，曾出演过《儿
童权利》《无名女人》等多部无声电影。——译者注

至于玛格丽特则总是顽固反抗，她拒绝变成一则"个案"，而且她终其一生都在指责拉康想要把她变成她所不是的样子。尽管如此，她与拉康之间的那些会谈却也并非完全负面。当她从精神病院的监禁中出来的时候，虽然她并未停止妄想，但却停止了去干出那些可能会对她自己有害的行为。

另外，玛格丽特·安齐厄在圣安娜医院撰写的那些手稿也揭示出这样一个事实——这份迄今仍未发表的手稿日期可追溯至 1931 年 11 月 21 日——在会谈进行了几个月之后，她没有发生任何改变。在这份以"自我病例"（auto-anamnèse）的方式呈现的文件中，她谈到了自己的童年，谈到了她的兄弟们和她的母亲，还谈到了她周围的那些人使她蒙受的痛苦，而这些痛苦并不是她所应得的。她说自己没有办法去抵御那种给她施加迫害的周遭环境。最后，她还抱怨跟她的儿子分开，抱怨说她没有办法像她曾经希望的那样来抚养她的儿子。然后，她又补充道："别人的看法丝毫不会触动我，而能够触犯我的事情无非就是人们告诉我说他们对我没有信心。所有人都说我是个蠢货，只有这一点让我难以忍受。"[1]

因此，玛格丽特便以"埃梅"这个名字而变得出名，同时她还确保了书写她的故事的拉康的名声，因为她的故事让拉康得以去对 1930 年代的那一代精神病学家所提出的

---

[1] 这份手稿属于潘坦（Pantaine）家族档案的一部分，我非常感谢瑞士神经科医生朱利安·博古斯拉夫斯基（Julien Bogousslavsky）将其收藏的这份档案交付给我。

各种临床理论进行一种绝佳的综合[1]。当时，很多作家、画家与诗人都将这部以她为主人公的著作当作一部文学杰作致敬，其中包括勒内·克勒韦尔[2]、保罗·尼赞[3]，尤其是萨尔瓦多·达利。他们全都称赞了拉康对这位女病人的小说文本的使用，以及他的"女性疯癫"概念的效力。然而，没有任何人关心过化名为"埃梅"的玛格丽特。

这段历史的后续也说明了大师的命运在何种程度上会被联系于其病人的命运。1949年，玛格丽特的儿子迪迪耶·安齐厄决定成为精神分析家，并在拉康的躺椅上开始自己的训练性分析。他当时并不知道自己的母亲就是那个著名的"埃梅"个案。至于拉康，他也并未认出这个男人就是昔日那位女邮电员的儿子。此外，拉康还硬说玛格丽特在被关进精神病院时是以其婚前的娘家姓来登记的，这一点并不准确。

迪迪耶·安齐厄后来从其母亲的口中得知了真相，当时玛格丽特在极其偶然的情况下被派往拉康的父亲阿尔弗

---

1 雅克·拉康，《论偏执狂精神病及其与人格的关系》（*De la psychose paranoïaque dans ses rapports avec la personnalité* [1932]），巴黎，瑟伊出版社，1975年；迪迪耶·安齐厄，《思想的皮肤：与吉尔伯特·塔拉博的访谈》（*Une peau pour les pensées: Entretiens avec Gilbert Tarrab*），巴黎，克朗西耶–盖诺（Clancier-Guenaud）出版社，1986年。

2 勒内·克勒韦尔（René Crevel, 1900—1935），法国作家兼诗人，超现实主义者，著有《我的身体和我》《你疯了吗》《反对理性的精神》《达利或反蒙昧主义》等。——译者注

3 保罗·尼赞（Paul Nizan, 1905—1940），法国小说家、哲学家，萨特的好友，与萨特和雷蒙·阿隆一起被称为"1924年出类拔萃的一代"，著有《阴谋》《九月编年史》等。——译者注

莱德·拉康的家里去帮佣。迪迪耶·安齐厄与作为精神分析家的拉康之间的那些冲突是非常激烈的，正如在过去将玛格丽特与作为精神科医生的拉康对立起来的那些冲突一样。实际上，玛格丽特一直在谴责拉康把她当作一个"案例"来对待，而不是当作一个人的存在，她还谴责拉康从来都没有把她在圣安娜医院住院期间交付给他的那些手稿归还。在玛格丽特看来，拉康变成了她自己曾梦想要成为的那种人，而且出于这个目的，拉康还从她那里窃取了自己最为珍贵的财产，即她的书写。迪迪耶·安齐厄也从来都没有从拉康的继承人那里得到任何对其要求的回应[1]。

就我个人而言，在迪迪耶·安齐厄去世后的第 12 年，即在 2011 年，我才非常痛心地得知，他的继承人们竟然把涉及玛格丽特的那些珍贵档案（家庭照片与各种文件，还有迪迪耶·安齐厄与他的很多通信人之间的书信往来，其中也包括跟我的那些书信往来[2]）统统打包卖给了一家专业书店。显然，某些法国的精神分析家——而且不是那些无足轻重的精神分析家——确实会跟他们的档案保持一种非常奇怪的关系。与之相反，他们的那些英美分析家同行则长期以来都保持了把自己的档案捐赠给行业基金会或是专

---

1 我也曾试图从拉康的继承人那里拿回这些文本，但同样是徒劳一场。
2 多亏了朱利安·博古斯拉夫斯基，我才得知了这一信息，他是这份材料如今的持有者。

业性协会的习惯[1]。这一点或许跟这样一个事实有关，即在
英语世界中，绝大多数的精神分析家要么都是移民，要么
就是移民的二代子女，因而他们便总是会关切于要留下他
们自己的历史痕迹，就像弗洛伊德的家族那样。

64

---

[1] 很多其他的法国精神分析家的情况则并非如此，其中包括塞尔日·勒克莱尔（Serge Leclaire）、弗拉基米尔·格拉诺夫（Wladimir Granoff）与勒内·马约尔（René Major），他们都把自己的那些档案托付给了我。

7
档案

倾若一切都进行了存档、监管、注解或评断，那么历 65
史作为某种创造便不再是可能的；于是，历史便会被转化
为"绝对知识"（savoir absolu）的档案取代。然而，倾若
一切皆没有进行存档，倾若一切皆遭到抹除或摧毁，那么
便没有任何东西能够阻止"叙事"经由"自我的妄想性王
权"（souveraineté délirante du moi）而被带向某种"幻想"
（phantasme），从而让某种程度上被重新发明出来的"档
案"去充当某种"教条"（dogme）的作用。

这两种不可能性就像是同一种禁止的两个界标一
样——对"绝对知识"的禁止，以及对"自我的解释性王权"
的禁止——而在这两种不可能性之间，我们必须承认档案
是历史的条件，无论这一档案是受到了过度的呈现还是受
到了毁灭或抹除。换句话说，盲目服从档案的肯定性，将
势必会像拒绝这一档案一样而导致书写历史的不可能性。

终其一生，拉康都相对于档案而采取了一种模棱两可
的行为[1]。正如他相信"爱就是将自己所没有的东西给予某 66
个不想要它的人"那样，他也同样相信档案的力量会因为

---

1 参见伊丽莎白·卢迪内斯库，《分析与存档》（*L'Analyse, l'archive*），巴黎，BNF
出版社，2000 年。

其缺位而显得越加强大。这便是他的那些手稿、笔记和通信既没有进行归类，也没有进行编目，更没有进行"存放"的原因之一。

对拉康主义的一众信徒而言，这一切的发生就仿佛是拉康自己以"先将来时"（futur antérieur）而担保了一种总是已经被书写好的历史似的。由于任何痕迹都是不可获取的，这便导致了这样一种观念，即拉康的著作没有出处，没有历史，也没有来源。同样，作为主体的拉康也仅仅以其"传说"（ouï-dire）而存在：各种妙语、谣言和逸事。因此，便有了拉康派们对"语词新作"的崇拜：为了命名自己，每个拉康派群体都会在由大师（主人）发明的那些词汇的术语表中进行某种选择。因而，拉康的这些词语——疯子的词语、奇异的词语——便服务于增补缺位的档案。另外，对档案缺位的崇拜不仅符合拉康派教条主义的意识形态，而且符合一种拉康式的历史观念。

尽管拉康将其著作以"未完成"状态保留下来，但他却给档案——尤其是文字性的档案——赋予了一种过大的权力。一方面，他拒绝弗洛伊德思想的各种历史化形式，而在回答弗洛伊德文本的基础上自诩为一种全新正统的解释者；另一方面，他又极其着迷于一种历史性的欲望，着迷于将其教学及其本人的书写痕迹留给后世的愿望，他曾一度梦想着可以完完整整地控制这一痕迹。

67

换句话说，拉康当时试图以主体捕获其"镜像"的方式来捕获他的档案。在 1964 年，拉康曾强调将真假区分开来的欲望何以会跟在笛卡尔那里对传记的关切比肩而行，但他又断言，相对于一部著作的意义而言，传记总是次要性的[1]。15 年后，他又在耶鲁大学的一次讲座中向历史学家露西尔·瑞特沃（Lucile Ritvo）发起了一段振聋发聩的宣言："精神分析在历史中是有其分量的。如果说存在着某种属于历史的东西，那么它便是属于精神分析层面上的东西……我们所谓的'历史'就是流行病的历史。例如，罗马帝国便是一场流行病……精神分析也是一场流行病……倘若没有书写下来的文献，您便会知道自己是置身在一个梦境之中。历史学家所要求的东西便是文本：一份文件或是一纸文书；无论如何，在一份档案中的某个地方必然存在着某种由书写来证实的东西。无法由书写来证实的东西便无法被看作历史。"[2]

从一方面来说，这段话就是对书写的至上性的断言；但从另一方面来说，它又是对书写著作的不可能性的宣言。拉康一方面拒绝了各种档案与资料来源，而另一方面又加大了档案的分量。

68

---

1 雅克·拉康，《研讨班 XI：精神分析的四个基本概念》（*Le Séminaire. Livre XI, Les Quatre Concepts Fondamentaux de la Psychanalyse* [1964]），雅克 – 阿兰·米勒编，巴黎，瑟伊出版社，1973 年，第 202 页。

2 雅克·拉康，《北美各个大学的讲座与访谈》（Conférences et entretiens dans les universités nord-américaines），载于《即是》（*Scilicet*）第 6/7 期，1975 年，第 20 页。

正是为了消除此种对档案的抹消，为了增补此种档案的缺失，直至 1990 年我才在奥利维耶·贝图内[1]的建议下决定专门撰写一本关于拉康思想体系起源的历史性研究著作，以便去考察拉康思想体系的来源及其内部建构，等等。为此，我当然掌握了拉康著作的口述版本与书面版本，我们可以在其中提取出各种参照坐标与信息来源。然而，为了重新追溯拉康的智识生涯与私人生活，由于既没有"真正"的通信往来——仅仅只有 250 封书信——也没有任何工作笔记，我可资利用的便只是散落在拉康的所有老相识那里的一些资料的碎片，我只能使用他们的档案来了解他们曾认识的那个昔日的拉康，那个童年的拉康，那个在成为拉康之前的拉康。

而且也恰恰是因为在此之前从未有人着手进行过这样的档案研究工作，所以我的著作最终便被人看作一部关于拉康的传记，尽管"传记"一词并未在其中出现。无论如何，自此之后的其他著作都会从我的那部拉康传记里汲取资源，仿佛我在无意间变成了一份"未拆封"档案的唯一持有人似的。

尽管人们有可能书写出若干部"拉康思想的历史"，但却只存在一部"拉康生活的梗概"涉及他在变成一位公

---

1 奥利维耶·贝图内（Olivier Bétourné，1951 年生），法国编辑与历史学家，"思想的历史与光辉"研究院主席，他也是巴黎瑟伊出版社的总编辑兼首席执行官。——译者注

众人物之前的生活。实际上，对于拉康的童年，我们几乎一无所知，而我也只能经由一些口述的证词来搜集拉康童年唯一可能的痕迹——拉康的弟弟马克–弗朗索瓦的证词，我曾跟他保持了很长时间的通信，这些通信迄今尚未发表；还有拉康妹妹的证词，我也曾很多次向她询问拉康的童年。但是，关于拉康的这一生活时期，我们永远都不会知道太多东西，既是因为档案并不存在，也是因为亲历者们皆已故去。

8

言语与声音

在这 26 年间（1953—1979），几乎每个星期——每周 71
三从午餐时间开始——拉康都在构成其教学最重要部分的
"研讨班"上不停地言说。因而，他的声音便对其弟子们
充当着某种参照性的坐标。他的演讲犹如一场"清唱剧"
（cantata）一般，让好几代听众振颤不已。他的研讨班涉
及巴黎的三个地点：一是圣安娜医院（1953—1963），二
是高等师范学校（1964—1968），三是先贤祠的法学院（1969—
1979）。另外还有三个时刻：比较内密性的进行临床实践的
时刻；更加外密性的进入智识领域的时刻；暮年之后直接
受到神化崇拜的时刻。

正如我们所知道的那样，在各种精神疗法的历史之中，
言语向来都占据着一个主导性的角色：是言语在进行治疗，
是言语在进行修补，也是言语允许我们去驱除那些厄运和
诅咒，而且它有时还是某种忏悔的等价物。言语拥有与那
些古希腊悲剧艺术同样的净化性效力，弗洛伊德就曾自称
是其遗产的继承人。言语既允许病人有可能挣脱其自我 72
宰制的虚幻性抱负，也允许治疗师有可能发明一些释放
性解释。

克劳德·列维－斯特劳斯就曾常将精神分析的治疗与

萨满巫师的疗愈相比较。他曾在 1949 年强调，在一种情况下，是巫师在"言说"（念咒）和诱发"宣泄"，即引导病人情感的释放；而在另一种情况下，这一角色则被移归给医生——他会在让病人言说的一种关系里去倾听。除了此种比较之外，列维-斯特劳斯还曾指出，在西方社会中，"精神分析性的神话学"（mythologie psychanalytique）也同样充当着一种集体性的解释系统："因而，我们便会看到一种巨大的危险出现：这一治疗——非但远远没有在其自身的背景下导向对某种特定障碍的解决，反倒被化约为根据那些精神分析性的解释来对病人的世界进行重新组织。"[1]

如果说当精神分析堕落的时候，它便有可能会变成一种叫不上名字的统治工具，那么当言语充当着那些诅咒、谣言与阴谋的支撑性载体的时候，它便同样有可能会化作一种毁灭工具。当言语是由那些独裁者与灵导师们操纵的时候——他们知道如何驾驭民众的仇恨，从而将其转向去针对那些社会精英——它就会变成那种卑劣、欺诈与恶毒的东西。众所周知，希特勒的那些演讲和他的声音恰恰便是通过在群众中施加一种催眠性诱惑的力量而腐蚀了德语。

怀揣着对口语性（oralité）的一种真正的激情，拉康

---

1 克劳德·列维-斯特劳斯，《巫师及其巫术》（Le socier et sa magie），收录于《结构人类学》（Anthropologie structurale），巴黎，普隆（Plon）出版社，1958 年，第 202 页。（译按：关于该书的英文版，参见克莱尔·雅各布森 [Claire Jacobson] 与布洛克·格伦菲斯特·肖厄夫 [Brooke Grundfest Schoepf] 翻译的《结构人类学》[Structural Anthropology]，哈蒙兹沃斯，企鹅 [Penguin] 图书，1977 年，第 183 页。）

会以一种柔和悦耳、铿锵有力且振聋发聩的声音来言说：
他的演说融合了萨沙·吉特里[1]的古老法兰西与萨尔瓦多·达
利的现代性感觉。他用夸张的语调来演讲就像是家常便饭
一般，就像是在吞食他最喜爱的那些食物——松露、芦笋
与圃鹀——那样吞噬着存在与事物。而这就是为什么他
会把人类的声音转化为一个强而有力的欲望对象与诱惑对
象，同时强调声音是语言的载体，并将其看作一种要在语
言的事实内部来定位的系统。由于受到著名的《哲学批
判性与技术性词汇》（*Vocabulaire technique et critique de la
philosophie*）一书作者安德烈·拉朗德（André Lalande）的
名字的启发，他便创造了一个新词"拉郎格"即"牙牙儿语"
（lalangue）[2]来定义欲望与语言的链接，抑或是来定义一
种"自知无知"（se savoir à insu de lui-même）并逃离"数
学化"的知识，也即逃离控制、形式化和完整的理性传递
的知识。

　　拉康制造了十几个词来命名那些涉及语言（langage 或
langue）与言语（parole）的行动："言唤"（apparoler）[3]、

1　萨沙·吉特里（Sacha Guitry, 1885—1957），法国剧作家、演员、导演兼编剧。——
译者注
2　"拉郎格"（lalangue）是拉康根据法文中的"语言"（la langue）一词的发言与
婴儿的"牙牙学语"（lallation）缩合而成的新词，故我将其译为"牙牙儿语"，它
是混合着力比多冲动的纯粹无意义的能指，正是这种"牙牙儿语"在享乐的层面上
构成了人类语言的无意识基底。——译者注
3　这里的"apparoler"一词是由"言语"（parole）与"呼唤"（appeler）缩合而成
的新词，故我将其译为"言唤"。——译者注

"结巴到我"（bafouille-à-je）[1]、"英儿语化"（lalanglaise）[2]、"语言说化（langager）[3]、"语言国人"（langagien）[4]、"文字涂抹地"（lituraterre）[5]、"半说"（mi-dire）、"元语言化"（métalanguer）[6]、"当真由话"（par-dit）[7]、"言在"（parlêtre）[8]、"言说喷嘴"（parlance）[9]等。

74　　拉康会大声咆哮并制造各种声响，其中有些声响甚至是非人的噪声。拉康会用他的声音来进行谄媚、抚爱、诱惑与怒骂。他会模仿动物们的那些鸣叫声与噪叫声，而这就像是为了提醒他自己不要忘记"图腾宴"的达尔文式起源，即"大猩猩父亲"（père Orang），他曾这么说道。另外，还有那些低沉的喉音、咯咯的笑声与默念的沉思：他

---

1 这里的"bafouille-à-je"是由动词"bafouiller"（说话结巴）、介词"à"（到）、主语"je"（我）构成的新词，其在发音上非常接近名词化的"bafouillage"（语无伦次），故我将其译为"结巴到我"，另外，"bafouille"作为名词在口语中还有"信"的意思，因而这一新词也可译为"我向言信"。——译者注

2 这里的"lalanglaise"是由"lalangue"（牙牙儿语）和"anglais"（英语）缩合而成的新词。——译者注

3 "langager"是拉康对"语言"（langage）的动词化处理，我姑且将其译为"语言说化"。——译者注

4 "langagien"由"langage"加上后缀"ien"构成，这里姑且译为"语言国人"。——译者注

5 这里的"lituraterre"是拉康就"文学"（littérature）一词而制作的文字游戏，其中"litura"有"涂抹"的意思，而"terre"则表示"大地"，故我将其译为"文字涂抹地"。对此，读者可参考我先前翻译的《文字涂抹地》一文，收录于拜德雅·卡戎文丛之《文字即垃圾》。——译者注

6 这里的"métalanguer"是拉康对法语名词"métalangue"（元语言）的动词化处理，故我将其译为"元语言化"。——译者注

7 这里的"par-dit"在字面上是"通过话语"的意思，其发音与"当真"（pardi）相同，故我将其译为"当真由话"。——译者注

8 "言在"（parlêtre）是由法语中的动词"parler"（言说）与"être"（存在）构成的新词。——译者注

9 这里的"parlance"是由法语动词"parler"（言说）和名词"lance"（喷嘴）构成的新词。——译者注

会让自己的身体在其无声的沉默中言说，也会让自己的身体在伴随着一种停顿的手势的喘息中言说。拉康是兼具戏剧性与娱乐性的，他就像是沙柯[1]的那些癔症患者那样，生性便总是倾向于发明出那些最具丰富性的话语性修辞："在我不想着思考的地方，我思考着我之所是"（Je pense à ce que je suis là où je ne pense pas penser）。

1972 年，拉康穿着一件非常怪异浮夸的飘逸衬衫，在鲁汶大学做了一场讲座报告，这场讲座被拍摄成录像。面对一名"情境主义"的学生将牛奶泼到他的讲台上，拉康使用了一种看破一切的语调，并以一种满不在乎的"无所谓"态度来回应这一侮辱与反抗的姿态。紧接着，突然间，在盛怒的侵袭之下，他便以极其愤慨的语气向公众抛出一记令人惊惶的讽刺，他当时说道："死亡乃属于信仰的领域……你们都有充分的理由来相信你们行将死去,当然……死亡在支撑着你们。倘若你们并不相信死亡，你们又如何能够支撑你们所拥有的生命呢？"[2]

---

1 让 – 马丁·沙柯（Jean-Martin Charcot，1825—1893），法国著名神经医学家，开创了以"催眠"来治疗癔症患者的先河，弗洛伊德曾在 1885—1886 年跟他学习催眠。——译者注

2 在由伊丽莎白·卡普尼斯特（Élisabeth Kapnist）于 2001 年执导的影片《雅克·拉康：重新发明精神分析》（*Jacques Lacan, la psychanalyse réinventée*）中，我们曾用到这份档案，该片与由伯努瓦·贾柯（Benoît Jacquot）于 1973 年拍摄的《电视》（*Télévision*）形成了鲜明的对比：在《电视》中，拉康穿着非常古典式的西服正装，并且以一种沉着稳重的声音来回应一位不可见的对话者提出的那些问题。关于拉康的声音，我们可以参考克劳德·耶格莱（Claude Jaeglé）的杰作《雅克·拉康的沉默肖像》（*Portrait silencieux de Jacques Lacan*），巴黎，PUF 出版社，2010 年；也可参见这位作者的另一部著作《吉尔·德勒兹在黄色眼睛下的雄辩肖像》（*Portrait oratoire de Gilles Deleuz aux yeux jaunes*），巴黎，PUF 出版社，2005 年。

75　　　如果说吉尔·德勒兹是一位苏格拉底式的大师，其声音似乎是由查尔斯·特雷内[1]的歌谣来传送的，如果说雅克·德里达将那些已然写就的文本转译成言语，并且用各种手势来标点了它们，那么拉康则是在"即席创作"，即便他也给人留下了某种印象，让人误以为他是在宣读某种事先写好的报告：他的"手稿"皆是难以寻觅的档案。借由在他的话语中布满各种文字游戏、精心计算的口误或是嘲弄性的评论，他的演讲便会从"吐露隐情"（confidence）转向"慷慨激昂"（exaltation）。

拉康总是会同时着迷于一种事物和它的对立面：禁止与僭越、家庭及其内部的丑恶、象征性的秩序（语言、能指与理性）与闯入性的实在（异质性、遭到诅咒的部分、疯狂），最后则是想象性的捕获（镜像）及其毁灭（跌落的对象）。

他会不停地转动其拓扑学的三个元素：想象界、象征界与实在界。

在各种扭曲变形（torsions）的诱惑下，他按照"神话型"（mythème）的模型发明了"数学型"（mathème），以便命名一种能够说明精神分析概念及其话语的代数性书写。同时，他还提出了这样一种观点：必须"拆解"（défaire）此种概念性的次序，从而让它服从于某种颠覆，即对"博

1　查尔斯·特雷内（Charles Trenet, 1913—2001），法国著名创作型歌手。——译者注

洛米结"（nœud borroméen）的颠覆，此种颠覆能够"解 76
扭"（dénouer）象征界在实在界与想象界之上的优先性。
一方面，一种语言模型链接着象征秩序的逻辑；另一方面，
一种结构模型奠基在拓扑学的基础之上，并且运作着从象
征界朝向实在界、从"秩序"（ordre）朝向"失序"（désordre）
的一种根本性位移。

正如所有那些研究拓扑学的专家都知道的那样，米兰
"博洛米家族"（dynastie milanaise des Borromée）的徽章
便是按照象征着三重联盟的三叶草的形式由三个圆环构成
的。倘若撤销掉其中的任何一环，那么三个圆环的扭结便
会消解开来，而每一个圆环都指涉着家族三大分支的其中
一支的权力。这样一来，拉康便以他自己的方式存续了让
弗洛伊德如此珍视的古希腊神话，而且这一神话也在他自
己的命运中如此呈现出来——只不过条件却在于，此种神
话必须被不断地重新发明，以至于它永远不会跟一个制醋
商人的历史联系在一起。

9

《研讨班》的片段

无论是宣讲版、誊抄版、编辑版抑或录音版，拉康的 77
"研讨班"在四分之一个世纪都是"弗洛伊德主义战斗"
（batailles du freudisme）的表现与一种思想的实验室，经
由其对巴洛克艺术的参照，这一思想似乎也想要模仿弗朗
西斯科·博洛米尼[1]的那些"障眼法"的外观。然而，拉康
的"研讨班"同样也是一场长期持续的"会饮"（banquet）
的地点，在其漫长的过程中，"历史大剧院"（grand
théâtre de l'Histoire）中的那些声响与映像，连同它的那些
戏剧与骚动，便经由拉康声音的魔法展示出来。我们永远
都不可能充分地说明，在其整个一生当中，拉康何以始终
都是那些世界混乱的感性目击者与那些国家政治的清醒评
论者。拉康当时也毫不犹豫地表达出他的猜忌或他的怀疑。
他有时会变得可憎且多疑。在听众那里，他从来都不会让
任何人无动于衷。

正是在1953—1963年，拉康制作出其思想体系的根基。
当时，由于被一众杰出弟子环绕——塞尔日·勒克莱尔[2]、

---

1 弗朗西斯科·博洛米尼（Francesco Borromini，1599—1667），意大利建筑师，巴
洛克建筑风格的主要代表人物，其主要作品有"圣卡洛大教堂"等。——译者注
2 塞尔日·勒克莱尔（Serge Leclaire，1924—1994），法国著名精神分析家，拉康早
期弟子，著有《独角兽的梦》《精神分析》《有人杀了孩子》《揭开实在界的面纱》《他
者的国度》《精神分析的最新进展》《精神病的心理治疗原则》等。——译者注

78　弗拉基米尔·格拉诺夫[1]、莫德·马诺尼[2]与让-伯特兰·彭塔力斯[3]当然是这些弟子中最闪耀的几位——并且得到了寻求新鲜气息的"非凡一代"的支持，在这十年期间，拉康便给他周围的人提供了他自己最好的东西。因而，他在这一时期的那些研讨班——拉康也会让他的弟子们在上面发言——也都携带着那个"美好年代"的印迹，精神分析的思想自由当时正梦想要改变人类的命运。这些研讨班包括：《对象关系》（*La Relation d'objet*）、《无意识的诸种构型》（*Les Formations de l'inconscient*）、《欲望及其解释》（*Le Désire et son interprétation*）、《精神分析的伦理学》（*L'Éthique de la psychanalyse*）、《转移》（*Le Transfert*）与《精神分析的四个基本概念》（*Les Quatre Concepts fondamentaux de la psychanalyse*）等。

　　在这一时期，拉康正全心投入他自己针对弗洛伊德的广泛评论之中，依托于索绪尔的语言学、罗曼·雅各布森（Roman Jakobson）的那些语言学论文、克劳德·列维-斯特劳斯的神话分析，最后则是海德格尔的哲学，他刚刚

1　弗拉基米尔·格拉诺夫（Wladimir Granoff，1924—2000），法国精神分析家，拉康的弟子，也是将费伦齐的精神分析思想引入法国的主要人物，其代表性著作有《亲子关系：俄狄浦斯情结的未来》。——译者注

2　莫德·马诺尼（Maud Mannoni，1923—1998），荷兰裔法国精神分析家，拉康早期弟子，法国儿童精神分析的先驱，她也是"博纳伊"（Bonneuil）实验学校和"分析空间"（Espace analytique）协会的创始人，著有《智障儿童及其母亲》《婴儿，它的"疾病"与他者》《爱、恨与分离：重新扭结于婴儿丢失的语言》《理论之为虚构》《成为精神分析家：无意识的训练》等。——译者注

3　让-伯特兰·彭塔力斯（Jean-Bertrand Pontalis，1924—2013），法国著名精神分析家，拉康早期弟子，与拉普朗什（Laplanche）合著《精神分析词汇》，个人作品有《弗洛伊德之后》与《窗》等。——译者注

实现了自己对精神分析学说的重铸。他将此种结构主义的接替（relève structualiste）称作"回到弗洛伊德"（retour à Freud），经由此种结构主义的接替，他试图使弗洛伊德的"维也纳理论"脱离其生物学模型。特别是在1957年，借由《无意识的诸种构型》的研讨班[1]——这是其中最具重要性的研讨班之一——他宣称自己从一种具有"语言结构"（structure du langage）的原始模型或原初模型出发，重新思考了"精神装置"（appareil psychique）的运作。

从1953—1956年的这些早期研讨班开始，拉康便把无意识变成了一种语言，同时他还指出人类的存在是由一种言语所栖居的，这一言语会将人类不断地带回对其存在的解蔽。随后，拉康又从中推导出一种由"象征功能"（fonction symbolique）的首要性所决定的主体理论，并且把这一主体的行动及其命运的构成性要素称作"能指"（signifiant）。1955年，在他关于埃德加·爱伦·坡的《失窃的信》（*La lettre volée*）的出色评论中，他又将一种叙事情节与他的理论进行对照[2]。大家都知道爱伦·坡的这个故事：它是在法

79

---

1 雅克·拉康，《研讨班V：无意识的诸种构型》（*Le Séminaire. Livre V, Les Forma-tions de l'inconscient* [1957-1958]），雅克–阿兰·米勒编，巴黎，瑟伊出版社，1998年。
2 雅克·拉康，《关于"失窃的信"的研讨班》，载于《著作集》，同上，第11-61页。（译按：关于该书的英文版，参见布鲁斯·芬克 [Bruce Fink] 翻译的拉康《著作集》第一篇，纽约，诺顿出版集团，1991年。）雅克·拉康，《研讨班II：弗洛伊德理论与精神分析技术中的自我》（*Le Séminaire. Livre II, Le Moi dans la théorie de Freud et dans la technique de la psychanalyse* [1954-1955]），雅克–阿兰·米勒编，巴黎，瑟伊出版社，1977年，第225-241页。（译按：关于该书的英文版，参见《研讨班II：弗洛伊德理论与精神分析技术中的自我》[*The Ego in Freud's Theory and in the Technique of Psychoanalysis* (1954-1955)]，雅克–阿兰·米勒编，希尔瓦纳·托马瑟利 [Sylvana Tomaselli] 译，纽约，诺顿出版集团，1991年，第191-205页。）

国王朝"复辟"（Restauration）期间得以展开的。

在这则故事中，"私家侦探"奥古斯特·迪潘（Auguste Dupin）骑士担负了一项极其重要的任务。应警察局长的要求，他必须不惜一切代价地找回大臣从王后那里偷走并将其隐藏起来的一封有损名誉的信件。大臣将这封信件十分显眼地放在自己办公室的壁炉拱架上，对任何想要看见它的人而言都是可见的。但是，警察们却因陷入心理学的圈套而并未认出这封信件。他们将意图归于窃贼，反而并未注意到在他们眼前展示出来的这一明显的事实。至于迪潘，他则要求大臣接见，而在大臣跟他交谈期间，他便趁机窃取了自己几乎是立刻觉察到的这个对象。

80　　　因而，大臣便不知道迪潘识破了他的秘密。他继续相信自己是这场游戏和王后的主人，因为持有这封信件，便掌握了在其"收件人"（destinataire）之上的某种权力：只有"占有信件"而非"使用信件"才会创造出巨大的影响。根据拉康的说法，没有任何主体能够成为"能指的主人"（maître du signifiant），而如果他认为自己是这个主人，那么他便会像故事中的警察或是大臣那样让自己落入同样的陷阱。

1957年，拉康将他的能指理论发展到另一个阶段，他引入了从雅各布森那里借来的一种思想，根据这一思想，弗洛伊德的"移置"（déplacement）机制便属于一种"换喻"

（métonymie）的秩序（所指在能指之下的滑动），而"凝缩"（condensation）机制则属于一种"隐喻"（métaphore）的秩序（一个能指对另一能指的替代）。由此出发，他便建构了其"能指链条"（chaîne signifiante）的论题："主体由一个能指为另一能指所代表。"

在关于《无意识的诸种构型》的研讨班上，拉康又遵循了一种"三元逻辑"（logique ternaire）来重新阐述这一理论中的那些主要元素。在以弗洛伊德式"诙谐"（Witz）即"妙语"（mot d'esprit）——这是一种人类心智结构（structure de l'esprit humain）的真正表达——来开篇之后，他又滑向了"乱伦禁忌"（interdit de l'inceste）得以从中出现的"阉割"（castration）问题。由此，他便转向了"欲望"（désir）与"要求"（demande）的辩证，转向了心灵中和爱情中的那些间歇性的症状，继而，他又通过对基督教和强迫型神经症的反思结束了他的报告，并在这一反思中混合了对梅兰妮·克莱因、萨德侯爵、伊斯兰教与德国启蒙运动（Aufklärung）的参照。

在其研讨班最具活跃性的这几年时间里，拉康都一如既往地玩味于把"爱"（amour）翻转成"恨"（haine），把"神圣的律令"（即"汝当爱邻如爱己"）翻转成"弃绝的训令"（即"汝即汝之所恨"），就仿佛他是为了让一种永恒不变的"无意识的否定性"（négativité de

81

l'inconscient）出现在与他者关系的所有形式中一样：光与影的游戏，言词、幻想与投射的残暴[1]。

在这一配置系统之中，拉康以精湛的技艺处理了"能指"的概念，从而使他能够把这些无意识的构型相互之间联系起来：事实上，通过给梦境、妙语、口误或过失行为赋予某种意指（signification），能指便给主体打上了一个语言的烙印。但是，能指也同样支配着欲望和相异性的种种形式，这些形式皆符合一种"幻想的逻辑"（logique du fantasme）。最后，能指也把人类变成了一种社会性的存在和宗教性的存在，同时它也依赖于"象征性功能"和承袭自古代神权的"逻各斯"（logos）。

尽管这一系统在其整体上存在于好几期《研讨班》的文本之中，然而它却从来都不是一种一致性阐述的对象。因为拉康的风格——或者更确切地说是其"研讨班"的风格——充满了离题、神游、爱欲与飘忽。因而，当拉康想要具体化自己有关换喻的论题时，他便邀请自己的听众去重新阅读莫泊桑小说《俊友》（*Bel-Ami*）中的一个段落，在这个段落中，主人公在吃了一些牡蛎之后，便让自己在梦境中滑向了一个"想象性拥抱"的世界，就像人们撩起

82

1 雅克·拉康，《研讨班 VII：精神分析的伦理学》（*Le Séminaire. Livre VII, L'Éthique de la psychanalyse* [1959-1960]），雅克–阿兰·米勒编，巴黎，瑟伊出版社，1986 年。（译按：关于该书的英文版，参见《研讨班 VII：精神分析的伦理学》[*The Ethics of Psychoanalysis* (1959-1960)]，雅克–阿兰·米勒编，德尼斯·波特 [Dennis Porter] 译，纽约，诺顿出版集团，1997 年；关于该书的中文版，参见卢毅翻译的《雅克·拉康研讨班七：精神分析的伦理学》，北京，商务印书馆，2021 年。）

一个女人的裙子那样掀起了语词的面纱：拉康当时强调，这一点恰好阐明了欲望的换喻性本质，即"一切话语都被迫要抓住此种意义的永久滑动"。

正如言语在拉康那里始终都是带有捕获性、诡辩性、漫溢性或侮辱性的那样，这26年的"研讨班"对他来说也同样是促使他在其自身之外进行思考的某种"治疗"的等价物，即超越其自身的限制。作为言语的临床工作者，无意识与疯狂——最好是女性——的倾听者，拉康从来都不会随便同什么人对话，除了跟他从自己病人们那里借来并将之纳入自己著作中的大量文本或句子对话之外，诸如那些内部的声音，当然也除了弗洛伊德之外——这是按照拉康的欲望来重构的一个弗洛伊德，也是拉康认为自己是其唯一且真正的解释者的弗洛伊德。

从来都不曾有任何人胆敢同拉康进行真正的对话："我，真理，在言说"（Moi la vérité, je parle）。他当时曾这么说道，因为他知道，除非建立起某种透明性的专制（dictature de la transparence），否则真理永远都不可能得到完整地道说。同样，他当时还断言：真理只能被道说一半，如同是一种"半说"（mi-dire），或者是一种"半话" 83（mi-dit），一种"正午敲响的钟声"（midi sonni）[1]。在并未言明的情况下，拉康参照了马拉美笔下遭到疯狂侵袭

---

1 这里的"正午"（midi）与"半话"（mi-dit）构成了一个文字游戏，而"正午敲响的钟声"（midi sonné）在俗语中则有"为时已晚"或"已然不可能"的意思。——译者注

的人物"伊纪杜尔"（Igitur）[1]。当午夜的钟声响起（minuit sonne），作为其种族的最后继承人，伊纪杜尔掷出了骰子并躺倒在其祖先们的墓地里，以便实现其祖先们想要废除"偶然"（hasard）并通向全然"绝对"（Absolu）的远古迷梦：通向宇宙的"太一"（Un de l'Univers），"大写之书"（Livre）抑或为了"形式"（forme）而对"意义"的废除（abolition du sens）。因而，这是一项不可能的任务，但拉康在其生命的最后又将这项任务承担起来，进入了"数学型"的逻辑和"博罗米结"的拓扑。"诗学语言"（langue poétique）的马拉美式革命[2]被深深地打上了黑格尔式思想的烙印，在那个年代里，这场革命在整整一代人眼里就是拉康当时正对其进行全新解释的弗洛伊德式革命的对应物。

拉康自言自语，拉康享乐于他自己的言说，拉康以精湛的技艺来操弄此种"半说"。他当时曾喜欢将其"言说的疯狂"分发给自己的那些对话者，并且在其中掺入宁静与狂暴的混合：窒息、耗尽、诙谐、无礼的姿态、完全操控的整体。但是，拉康当时也知道如何在倾听时欺骗他的对话者。每当我遇见他的时候，我都往往会震惊于他能够同时进行好多件事情的能力：他会在明显不顾及他人的情况下翻阅书籍或随手笔记，同时又立刻表现出他完全听懂

84

---

1 斯蒂芬·马拉美，《伊纪杜尔》（1869），巴黎，伽利玛出版社，2003 年 [1925 年]。
2 作为黑格尔著作的伟大解读者，马拉美曾探索过作为"绝对知识"（savoir absolu）等价物的"大写之书"的无限性（finitude du Livre）。

了别人在跟他说的话。

1960 年，由于抵达了语言创造性（inventivité langagière）的顶峰——此种语言创造性当时还尚未转向拓扑的狂热和新词的顽念——拉康又对哲学史上最美的文本之一进行了一番令人眼花缭乱的评论，这个文本就是柏拉图的《会饮篇》（*Le Banquet*）[1]。

《会饮篇》的主题是众所周知的。围绕着苏格拉底，柏拉图把六个人物搬上了舞台，让他们各自在"爱"的主题上发表不同的见解。在这群人当中，有雅典的悲剧诗人阿伽同（Agathon），他是诡辩家/智术师高尔吉亚（Gorgias）的弟子，人们都来庆祝他赢得了桂冠，还有政治家阿尔喀比亚德（Alcibiade），他也是大名鼎鼎的美男子，苏格拉底先前曾拒绝当他的"情人"（amant），为的是将他引向对"至善"（Souverain Bien）的爱与对"不朽"（immortalité）的欲望，即哲学/爱智慧。没有任何女人出席这场宴会，在男风盛行的背景之下，"肉欲性的爱"和"智识性的爱"的各种可能变体皆在这场会饮中有所论及。然而，为了阐述他自己有关"爱"的哲学见解，苏格拉底却恰恰信赖于一位神秘主义女性狄奥提玛（Diotime）的话语。因而，狄

---

1 雅克·拉康，《研讨班 VIII：转移》（*Le Séminaire. Livre VIII, Le Transfert* [1960-1961]），雅克–阿兰·米勒编，巴黎，瑟伊出版社，2001 年。（译按：关于该书的英文版，参见《研讨班 VIII：转移》[*The Seminar of Jacques Lacan, Book VIII: Transference*]，雅克–阿兰·米勒编，布鲁斯·芬克 [Bruce Fink] 译，伦敦，政体出版社，2017 年。）

奥提玛便是围绕着"小神像"（agalma）的问题来进行的这场对话中的第八个人物，柏拉图将这尊"小神像"定义为一个代表着"善的理念"（Idée du Bien）的对象的典范。

自古希腊以降，《会饮篇》的注疏家们便都是在强调柏拉图以怎样的方式来使用对话的技艺（art du dialogue），以便通过好几个人物在"爱"的主题上来阐述不同的论点，因为爱在这里总是隶属于某种在意识上得到命名的欲望：要么是由他们中的每个人来命名，要么是由作者本人来命名。

然而，拉康却通过解释各个人物的无意识欲望，从而翻转了此种观点。因而，他当时便将精神分析家的位置归于苏格拉底，因为苏格拉底向其弟子们传授了一种躲避其自身意识的真理。一方面，拉康当时强调，治疗依赖于言语；另一方面，精神分析的传递也假设了此种对话的存在。此种方法便指明了苏格拉底是一个对话的大师，这场对话是在不为其自身所知的情况下得以展开的，同时也将其自身指向了一个收件人（destinataire）。

早在弗洛伊德那里便已然出现了此种"苏格拉底式对话"的观念，当时弗洛伊德往往也会去参照有关"知识传递"这一古希腊模型：一位师傅与一名弟子之间展开一场对话。另外，在其开端，弗洛伊德的学说便是在一个学术小圈子里发展起来的，这个小圈子充满了20世纪初期的"维也纳精神"。因为弗洛伊德相信古希腊人在之前发明了最好的民主，所以他便始终都是一种柏拉图主义立场的门徒。在他看来，选民们的"理想国"（République）必须通过促进种种禁止和种种挫折来扼制那些谋杀性的冲动（pulsions meurtrières）。

当拉康在1964年创建"巴黎弗洛伊德学派"（École freudienne de Paris，EFP）的时候，他便重申了此种柏拉图主义的观点。拉康采纳了"学派"（école）一词，而弃用了"学会"（société）或"协会"（association）的命名，这便是从此种古希腊模型中获得的灵感。拉康当时曾将他自己看作一位苏格拉底式的大师，被他的一众杰出弟子围绕在身边。而且也正是在此时，他才意识到整整一代哲学家和文学批评家都在关注他的工作，尤其是经由路易·阿尔都塞[1]的教学的中介。在这些人中间，有阿兰·巴迪欧[2]、让–克劳德·米尔纳[3]、亨利·雷–弗劳德[4]、弗朗索瓦·雷尼奥[5]、凯瑟琳·克莱

86

---

1 路易·阿尔都塞（Louis Althusser，1918—1990），法国著名哲学家，与拉康关系密切，将弗洛伊德思想与马克思主义结合起来进行意识形态批判，著有《弗洛伊德同拉康》等。——译者注

2 阿兰·巴迪欧（Alain Badiou，1937年生），法国当代著名哲学家，曾在拉康的"巴黎弗洛伊德学派"中针对米勒的《缝合》一文展开过一场论战，著有《存在与事件》《拉康的反哲学》等。——译者注

3 让–克劳德·米尔纳（Jean-Claude Milner，1941年生），法国语言学家、哲学家兼散文家，曾是"巴黎弗洛伊德学派"的成员，著有《澄明的著作：拉康、科学与哲学》等。——译者注

4 亨利·雷–弗劳德（Henri Rey-Flaud，1940年生），法国精神分析家兼文学批评家，著有《自闭症患者和他们的镜子》《摆脱自闭症》《停在语言门槛上的孩子》《无法言说的恐惧孩子》等。——译者注

5 弗朗索瓦·雷尼奥（François Regnault，1938年生），法国哲学家兼剧作家，与拉康交往甚密，其在精神分析方面的著作有《上帝即无意识》《拉康美学讲座》《我们的对象 a》。——译者注

芒[1]、艾蒂安·巴里巴尔[2]与皮埃尔·马舍雷[3]等人，当然还有诸如克里斯蒂安·让贝或[4]伯纳德·西歇尔[5]等来自其他领域的人。正是在这一背景之下，我在1969年收到了拉康的邀请，加入了巴黎弗洛伊德学派。我的母亲珍妮·奥布里（Jenny Aubry）长期以来是拉康的追随者，这让我在童年时便会经常见到拉康，当然，我当时并不知道他的教学是什么。直到《著作集》的出版，我才最终在这个男人和这部著作之间建立起某种联系。

然而，随着岁月的流逝，拉康渐渐忽视了此种"对话"的冲突性本质。因而，这场"会饮"便结束了，而且人们也忘记了那封悬搁的信件还在等待着一个未来目的地的奇迹。

拉康变得着迷于那些"边缘""边沿""边界"与"轮廓"，他不停地质询从"言语"到"书写"的过渡是以何

1 凯瑟琳·克莱芒（Catherine Clément, 1939年生），法国哲学家，著名女性主义作家，一直跟随拉康的研讨班，后加入"巴黎弗洛伊德学派"，著有《雅克·拉康的生活与传奇》等。——译者注

2 艾蒂安·巴里巴尔（Étienne Balibar, 1942年生），法国哲学家，著有《关于历史唯物主义的五项研究》《论无产阶级专政》《斯宾诺莎与政治》《暴力与文明》《阿尔都塞的著作》等。——译者注

3 皮埃尔·马舍雷（Pierre Macherey, 1938年生），法国哲学家，专注于斯宾诺莎哲学与文学思想方面的研究，其代表性著作有《斯宾诺莎伦理学导论》与《普鲁斯特：在哲学与文学之间》等。——译者注

4 克里斯蒂安·让贝（Christian Jambet, 1949年生），法国哲学家，著有《柏拉图的申辩》《革命本体论》《东方人的逻辑》《存在的行动》《一切的终结》等。——译者注

5 伯纳德·西歇尔（Bernard Sichère, 1944—2019），法国作家兼哲学家，著有《拉康时刻》《接近风暴》《赞美主体》《必须拯救政治》《存在与神性》《叛徒的荣耀》等。——译者注

种方式实现的。在可追溯至 1971 年的一篇谜一样的文本中，他便沉湎于一种博学的滑移（savant dérapage），这一滑移又一次将他带向了那一原初的顽念：有待领取的信件／处在痛苦中的字符（lettre en souffrance）。

当时，他刚刚从日本的旅途中回来，他讲述道：在飞越西伯利亚上空的时候，他当时发觉那些"沟壑"与"河道"像极了"文字的涂抹"。在谈及文学（littérature）与精神分析之间的那些关系时，他便提到了这一片段，从而立刻让自己逃逸进这些语言的"沟壑"。正因如此，他便发明了"文字涂抹地"（lituraterre）这一新词，并以此区分来自"临界"（littoral）的字符与来自"书面"（littéral）的字符（前者指的是某种边界，而后者则并未假设任何边界），进而又创造出一系列新词："涂文"（litura）、"字符化"（letter）[1]、"登陆文字涂抹地"（lituratterrir）。

在这篇报告里，拉康针对的是塞尔日·勒克莱尔与雅克·德里达的观点，从而重新肯定了能指在字符之上的优先性的思想。但是，他也同样对罗兰·巴特（Roland Barthes）的《符号帝国》（*L'Empire des signes*）进行了评论，这是罗兰·巴特向莫里斯·宾盖[2]题献致敬的一部有关日本

87

---

1 这里的动词"字符化"（letter）是拉康根据法文名词"字符"（lettre）创造的新词。——译者注
2 莫里斯·宾盖（Maurice Pinguet，1929—1991），法国作家，以其文化人类学的研究著称，尤其是他考察了日本的文学和自杀文化，著有《日本的自愿性切腹式自杀》。——译者注

的华丽著作。在这部著作中，作者描述了日本的种种生活方式与饮食方式，乃至种种物件与种种场所，罗兰·巴特认为它们皆是一种"符号系统"（système de signes）中的特定性元素，这些元素将"西方主体"（sujet occidental）带向了一种语言（langue），西方主体虽然并不理解此种语言的意指（signification），但能够把握此种语言同其自身语言之间的差异，仿佛在另外的割裂（découpages）与另外的句法（syntaxes）的影响之下，一种相异性（altérité）便能够使他拆解掉"实在界"一样。对此，罗兰·巴特说道："简而言之，也就是下降至不可翻译性（intraduisible），体验它的震动而永不让其减弱，直至我们身上的一切西方性（Occident）的东西都遭到动摇，直至来自'父性语言'（langue paternelle）的那些权利皆变得摆荡，即来自我们的父亲的那种语言……"[1]

88　　由于遭到他自己的这些词语的骚动所裹挟，还有巴特的著作在他那里所激起的好奇心，就这一"文字涂抹地"而言，拉康当时似乎是在提议一种"返回拉康的意义"（retour au sens de Lacan），这是对他在先前曾发起的那一著名的"返回弗洛伊德的意义"（retour au sens de Freud）的滑稽模仿。因此，他的话语便让人能够理解，"日本主体"在拉康的

---

1 罗兰·巴特，《符号帝国》（*L'Empire des signes*），巴黎，斯基拉（Skira）出版社，1970年；重新编辑版《罗兰·巴特全集》（*Œuvres complètes*）第 III 卷，1968—1971 年，巴黎，瑟伊出版社，2002 年，第 352 页。

意义上（lacaniennement）可能并不同于"西方主体"，因为在其语言中，字符与能指能够结合在一起：它是一种脱离解释的实在界（réel sans interprétation），一个超出言语的"能指帝国"（empire des signifiants）。

随后，我曾多次听到这位大师的追随者们将拉康这里如此基本的对"东方"（Orient）无法表达的欲望变成了一种"颠倒他者"（autre inversé）的文化主义，对他们来说，"日本之物"（chose japonaise）也变成了一面带有多重妄想的镜子（miroir aux multiples délires）。一直以来，拉康都曾受到"远东"（Orient extrême）的诱惑，他甚至还在"东方语言学校"（École des langues orientales）学习过中文。在他对此种语言之中心的潜入中，正如在那些日本礼仪对他的吸引之中，他始终在试图解决同一个马拉美式的谜题：如何"书写"，即如何"形式化"实在界、象征界与想象界（RSI）的拓扑学。

《文字涂抹地》一文并未解决这个难题。正好相反，在我看来，这则文本恰恰有助于那种拉康式语言的自我毁灭（auto-anéantissement），拉康当时说道："我的批评，如果说它是被当作文学批评而发生的话，我姑且这么一试，那么它则可能只会针对身为作家的爱伦·坡为了构成这样一则有关字符（lettre）的信息而做出的事情……不过，对此的省略却无法凭借他的心理传记（psychobiographie）的

89

某种特征而得到阐明：它反倒因此遭到了遮蔽……我自己的文本也不会经由我的心理传记而得到解答：譬如，我可能会形成的那种想要最终得到恰当解读的愿望……为了使我自己也登陆文字涂抹地（lituraterrir）[1]，我要提醒你们注意的是，我并未在使其形象化的那道冲沟（ravinement）中制作任何隐喻。书写（écriture）即是这道冲沟本身，而当我讲到享乐（jouissance）的时候，我便会合理地乞灵于我从听众那里积攒而来的东西：居然还是我由此而丧失的那些享乐，因为听众占据着我。"[2]

在这里，拉康似乎转而去嘲笑他的《关于"失窃的信"的研讨班》。由于遭到那些讽刺话和那些痛苦的尖叫声所标点，他的言语因而在我看来也像一封无法投递的死信（lettre morte）一样变得僵化不堪：坟墓里的伊纪杜尔（Igitur au tombeau）。

1975 年，雅克·德里达则通过另外的方式来着手处理"失窃的信"的问题，从而注意到此种情境。他强调，一封信并非总是会抵达其目的地，而且在《关于"失窃的信"的研讨班》的阐述内容本身中，拉康自己当时也曾诉诸"字符／信件"的不可分割性，也就是说其整体性：这是一种

统整性的教义 [1]。这只是对晚年拉康的那些僵局的众多批判 90
的开始，接下来则是福柯与德勒兹的批判，我一上来就感
受到此种批判，而且它甚至深深地触动了我：这一目的地，
就是不可预见性，而非对命运的掌控。相比于其他那些纠
缠于一种拘泥于文字的单义性解读的哲学家，德里达则以
其自身的方式更加慷慨地接受了历史学家的工作。

因为拉康向来都是焦虑的，所以他也无可避免地会关
切这一焦虑的问题。然而，为了理解拉康对"焦虑的临床"
（clinique de l'angoisse）做出了怎样的基本贡献，我们还是
必须首先把握弗洛伊德当时是以怎样的方式把这一概念引
入精神分析领域的。

弗洛伊德的关切并不局限于那些传统的描述，他首先
将"焦虑"（angoisse）同"恐惧"（peur）与"惊骇"（frayeur）
区分开来。就其存在的本质而言，在他看来，焦虑是从同
一个对象的任何关系中抽象出来的一种精神状态：焦虑是
一种持久的期待，当这一期待变得具有病理性的时候，它
便会导致各种强迫症性或恐怖症性的强制性行为，甚至导
致一种忧郁症的状态。

相对于焦虑而言，恐惧则总是会涉及一个可识别出的
对象。人们会恐惧某种可能突然发生的事情：死亡、分离、

---

1 雅克·德里达，《明信片》（*La Carte postale*），巴黎，弗拉马里翁（Flammarion）
出版社，1980 年。

91　酷刑、疾病、痛苦、身体衰弱等。至于惊骇，它则聚焦在一个无法定义的对象之上。惊恐（effroi）既不是恐惧也不是焦虑。惊恐是由于一种没有对象的危险而激起的，所以它便不会预先假设任何的期待。它也有可能会导致一种创伤性神经症（névrose traumatique）。

　　弗洛伊德起初就曾主张，人类存在的降生在世（venue au monde d'un être）便是所有焦虑的原型。1924 年，奥托·兰克[1] 重拾了这一主题，他曾断言：就其生命的持续而言，每个主体都只不过是在重复其自身与母亲身体之间相分离的创伤性历史。不管兰克的理论有多么大胆，这一"原初依恋"（attachement primordial）的理论虽然在如今研究人类心灵的动物行为学家们那里是如此时髦，但它在当时却呈现出一种非常可怕的缺陷：它威胁要把分娩和生物性的分离变成一种"自在的创伤"（traumatisme en soi）。实际上，按照兰克的这一模型，所有神经症都可能只是相对于主体的一种外部因果性（causalité extérieure）的结果：那些性虐待、战争或家庭中的暴力，乃至各种疾病，等等。

　　因此，在 1926 年回应奥托·兰克的时候，弗洛伊德便在《抑制、症状与焦虑》（*Inhibition, symptôme, angoisse*）一书中明确表述了自己的思想。他将"面对某种现实危险

---

1 奥托·兰克（Otto Rank, 1884—1939），奥地利精神分析家，弗洛伊德钦定的"秘密委员会"成员，也是"维也纳圈子"中的异类，因其著名的"出生创伤"概念与《英雄诞生的神话》而闻名。——译者注

的焦虑"（angoisse devant un danger réel）、"自动性焦虑"
（angoisse antomatique）与"信号性焦虑"（signal d'angoisse）
区分开来。他当时说到，第一种焦虑（即"危险性焦虑"）
是由于激发它的实际危险而引起的；第二种焦虑（即"自
动性焦虑"）则是对某种社会情境的反应；而第三种焦虑（即
"信号性焦虑"）是一种纯粹精神性的机制，因为它重新
再现了先前曾经历过的一幕创伤性情境，以至于"自我"
会调动起某种防御来对其进行反应。

　　拉康自己也重新采纳了所有这些定义，并且还针对它 92
们进行了评论。不过，他却发明了一个不同于弗洛伊德的
"焦虑"概念。在一种不那么达尔文主义的视角之下，而
且在很多方面还是在本体论的视角之下，拉康把焦虑变成
了一种结构，一种精神组织（organisation psychique）的构
成性结构。因而，根据拉康的说法，焦虑便是一切人类主
体性的能指本身，而非如现象学家们所认为的那样，是专
属于焦虑主体的一种特有状态。当对象的缺失（manque de
l'objet）本身——这是欲望的表达所必需的——恰恰是缺失
的时候，以至于将主体扣系于一种逃离开他且威胁到他的
无法命名的实在的时候，焦虑便会突然出现。正是这一"缺
失的缺失"（manque du manque）扑灭了欲望，因而转化
成那些"自我毁灭"的幻想：混沌、与母亲身体的想象性
融合、各种幻觉、那些昆虫的幽灵、那些遭到肢解抑或遭
到阉割的形象。

从临床的角度来看，当焦虑变得具有病理性的时候，倘若主体能够绕道离开此种创伤化的实在，并且能够同作为失望来源的某种缺失的惊骇（frayeur du manque）拉开距离的话，那么焦虑便会得到克服。由此，主体便可以抓住焦虑的意指，在拉康的术语学中，这就是说指向大他者（Autre），即指向在主体与欲望的关系上决定主体的那一象征性法则。

拉康向来都是一位焦虑的大师，而且他在焦虑的临床上也是一位昔日的大师。由于他自己无法摆脱焦虑的影响，他便同时认为，焦虑对欲望的显现而言是必需的，而且焦虑也是不可能避免的，否则就掉入了圈套（leurre），最后，当焦虑的起源可以得到象征化的时候，焦虑则是可以控制的。因此，当焦虑连同抑郁一起变成所有个人主义和自由主义的社会的症状的时候，我们想要再补充一句：那些过度想要通过药物来抵消或中和焦虑的企图都是徒劳无益的。当然，除非当焦虑威胁要侵占主体性甚至毁灭主体性的时候[1]。

93

---

1 雅克·拉康，《研讨班 X：焦虑》（*Le Séminaire. Livre X, L'angoisse* [1962-1963]），雅克－阿兰·米勒编，巴黎，瑟伊出版社，2004 年。

10

爱情与女人

拉康先前曾十分关注"现代社会"中男人与女人之间 95
的种种关系。鉴于他在自己的生活中就是一个"浪荡子"，
因此，他从来都不曾对某个女人保持忠诚，但是他也从来
都不想要离开她们中的任何一个，同时他还会向一个女人
隐瞒他和另一个女人之间所做的事情。他是否曾体验到一
种非常弗洛伊德式的恐惧，也就是害怕因每一次都遭受一
场新的分离而感到痛苦呢？那种"罗曼蒂克"意义上的爱
情对他来说是完全陌生的，而且那些美丽的"爱情故事"
也几乎很少会打动他。他当时曾这么说过："爱情，即是
一种自杀。"在他那里唯一具有重要性的东西，便是"激情"
（passion）的非理性与强制性面向。从他在精神病学上的
唯一导师克莱朗博[1]这个患有"疯狂素材的恋物癖"之人那
里，还有从他经常交往的那些"疯女人"和超现实主义诗
人那里，他早就保留下这样一种思想：爱情会导致"痴爱"
（amour fou）的疯狂[2]。另外，"钟情妄想"（érotomanie）
也一直都是其爱情观念的范例。正如弗洛伊德曾经代表着

---

[1] 加埃唐·加蒂安·德·克莱朗博（Gaétan Gatian de Clérambault，1872—1934），
法国精神病学家，因其"心理自动性机制"（automatisme mental）的概念和"激情
型精神病"（psychoses passionnelles）且尤其是"钟情妄想"方面的研究而著称，主
要著作有《心理自动性机制》《论钟情妄想》。——译者注

[2] "痴爱"（amour fou）又译"疯狂的爱"，是法国超现实主义作家安德烈·布勒
东（André Breton）在1937年发表的一部作品的标题。——译者注

"浪漫爱情"那样——女人、妻子、母亲、禁忌与罪疚——
拉康则是拆解这一模型的人。他当时已几近于把爱情看作
某种"侵袭"（assaut），即看作由一颗"暗星"（astre
obscur）朝向一个躲避任何相遇的"迫害性对象"（objet
persécuteur）而发起的攻击。

身为"诱惑者"，拉康不但操心着如何能讨人喜欢，
而且忍受不了自己不被人欣赏，他渴望着被爱也寻求着被
爱。然而，无论被爱与否，都会让他感到痛苦，另外他还
保留着这样一种确信，那就是他坚信人们是不可能不爱慕
他的——即便当人们是在憎恶他的时候，人们也已然是在
爱慕着他。对他所倾慕的那些女人，他会成为她们的"密
友"，会用"您"来尊称她们，同时会对她们行吻手礼，
并且他也在不断积累那些直接源自"女雅士文学"（littérature
précieuse）的艳情辞藻。另外，他还会毫不犹豫地给自己
的情人们做分析。

不过，拉康也表现得像是一个任性的孩子，倘若现实
不符合他的那些欲望，那么他便会拒不接受这样的现实。
这样的雪茄，这个牌子的威士忌，这样的物件，这样的甜
品，这样的食物：不管他身在何处，只要他出现在那里，
这一切都必须刻不容缓地被送到他的身边。而且，事实上，
他也几乎总是能够说服自己的东家屈服于他的那些迫切性
要求。他的任何理由都是讲得通的：好吧，如果您这儿没

有芦笋，那么就给我来点儿松露；如果您这儿没有松露，那么就给我来点儿圃鸫，或者茶也行，最好是日本的茶，再配点儿这个牌子的巧克力；如果您在周围找不到这些东西，那么您就叫人跑腿把它们送过来——无法改变的逻辑，令人难忘的滑稽！

拉康当时还会叫人上门把他写好的信件送到收件人的住所，以确保这些信件皆完好地送达它们的收件人。通过追赶时髦和附庸风雅，他非常乐于在谈话中提到那些名人的名字。同样，就像是为了报复他的出身，他也非常喜欢结交这个世界上的那些要人：思想家、大明星、大记者、喜剧演员、政客、作家……

弗朗索瓦兹·多尔多[1]曾经是拉康最重要的朋友，他当时会用"你"来称呼她，而且偶尔会把她称作"坚韧不拔的人"或"知识广博的人"。倘若没有拉康，多尔多或许永远都不可能拥有同样的临床命运；而倘若没有多尔多，拉康也不会变成他所是的样子。在数十年间，他们两人成了一对"非标准的伴侣"，尽管他们并不以同样的方式来实践治疗。拉康当时曾对多尔多说："你不需要理解我所讲述的东西，因为你已经说出了跟我一样的东西，尽管你并没有对其进行理论化。"多尔多曾经寻思过为什么拉康

[1]　弗朗索瓦兹·多尔多（Françoise Dolto, 1908—1988），法国著名儿童精神分析学家，拉康的同事，"绿房子"的创始人，著有《精神分析与儿科医学》《多米尼克个案》《儿童精神分析研讨班》《身体的无意识形象》《一切皆语言》《女性性欲》等。——译者注

从来都不曾谈论他的童年，为什么他会对自己的形象如此焦虑，对自己的举止如此忧虑；为什么他需要穿上那些相当奢华的盛装，为什么他需要频频出入那些化装舞会？在多尔多写给拉康的那些信件里，她对拉康说话的方式就仿佛是在她自己的咨询室里对那些孩子说话一样，当然这并非为了将拉康"幼儿化"，而是为了把他先前曾遭到剥夺的童年重新还给这个过度幼儿化的成人。终其一生，多尔多都在试图用这样一种观念来调和拉康的思想，即一位母亲可能并不只是一头怪物，而一位父亲则可能是一个衰弱的形象。

拉康总是操心着要把"无意识的话语"（discours de l'incoinsicent）（原始状态下的享乐与重复的话语）与"求偶炫耀的话语"（discours de la parade）（即"爱情的话语"[discours de l'amour]）相对立，并因此与爱情关系所必需的那种"假象的话语"（discours du semblant）相对立。他当时曾这么说道：在爱情中，人们爱的是其自身；镜子是空洞的；我所爱的人并非我自以为认识的那个人。与精神分析的某种"阳具中心主义"传统相矛盾的是，拉康当时一直在竭力证明，在爱情中，两个伴侣无论如何都不是彼此互补的，男人在爱情中会显示出他的无能，而女人在爱情中则会显示出她的不确定。拉康曾发明过很多术语来界定同其原初的"阳刚气概"（virilité）拆分开来的

"现代男人": "至少一男"（hommoinzin）[1]、"男她"
（hommelle）[2]、"小男人"（hommelette）[3]、"所谓的男
人"（hommodit）。

拉康向来都是一个粗鲁的、滑稽的、可憎的且贪得无
厌的人。

作为一些文本的完美读者，他曾把"愚蠢"（bêtise）
看作一种"性倒错"。在我跟弗朗索瓦兹·吉鲁[4]、凯瑟琳·德
诺芙[5]与几个精神分析家一起参加的一期名为《世纪的步伐》
的电视节目上，我曾遭到过一位女记者的猛烈攻击，另外，
她还发了疯似的辱骂拉康和弗洛伊德的精神分析，辱骂那
些临床心理学家和理论心理学家、那些精神科医生，还有
那些因重大事件而建立的心理学救援部门或心理危机干预
措施，等等。我本来早已习惯了这样的攻击，但是，那天
晚上，面对她的指责，我却无从辩驳。当时，让－马里·卡
瓦德[6]转向了弗朗索瓦兹，后者用其无法模仿的语调脱口说

---

1 这里的"hommoinzin"是拉康创造的新词，在法语中与"至少一个"（au moins un）
发音相同，故我将其译为"至少一男"，即现代男人至少还是个男的。——译者注
2 "男她"（hommelle）是拉康用"男人"（homme）和"她"（elle）创造的新词。——
译者注
3 "小男人"（hommelette）与"炒鸡蛋"（omelette）发音相同，拉康曾用这个术
语来制作其冲动的"薄膜"神话。——译者注
4 弗朗索瓦兹·吉鲁（Françoise Giroud, 1916—2003），法国记者、作家兼政治家，
也是法国首任女性部长，世界著名女权斗士，其代表性著作有《莎乐美：一个自由
的女人》等。——译者注
5 凯瑟琳·德诺芙（Catherine Deneuve, 1943 年生），法国著名女演员，联合国教
科文组织亲善大使，曾主演过《瑟堡的雨伞》《白日美人》《印度支那》《黑暗中
的舞者》《我在伊朗长大》等。——译者注
6 让－马里·卡瓦德（Jean-Marie Cavade, 1940 年生），法国记者兼政治家。——
译者注

出了拉康的一句名言：“精神分析可以做很多事情，但是它在反对蠢话方面却是无能的。”如此一来，那位女记者才打住了她的那些言语的泛滥[1]。

99　　根据拉康的说法，男人皆是“假象的奴隶”（esclave du semblant）[2]，为了其自身的存在，他被迫要去炫耀一种自己控制不了的“力量”或“气魄”；而女人则可能更加接近于一种“真理的试炼”（épreuve de vérité），即一种可能会让她能够逃离此种假象的“书写”（écriture）或是“筑写”（archi-écriture）[3]。同样，他当时还说，女人本身是“并非全部”（pas-toute）的，女人是一种“增补”（supplément），正是在这里，男人才需要成为“至少一个”（au moins un），即作为某种“全部”（tout），又或者当他在这方面遭遇了失败的时候，则作为一个“整体的假象”（semblant du Tout）。因此，便有了拉康的这句格言：“没有性关系”或“没有性相配”（il n'y a pas de rapport sexuel）[4]，这意味着“爱情关系”（relation amoureuse）并非一种“相配”（rapport）[5]，

---

1 《世纪的步伐》（La marche du siècle），1997 年 5 月 19 日。

2 雅克·拉康，《研讨班 XVIII：论一种可能并非出于假象的话语》，同前引文。

3 这里的“筑写”（archi-écriture）是由“建筑”（architecture）与“书写”（écriture）的缩合创造的新词。——译者注

4 雅克·拉康，《冒失鬼说》（1973），收录于《著作别集》，同前引文，第 449-497 页。关于拉康这则文本的两篇最有趣的评论，参见让 – 克劳德·米尔纳的《澄明的著作》，巴黎，瑟伊出版社，1995 年；阿兰·巴迪欧与芭芭拉·卡辛（Barbara Cassin）合著的《没有性相配》，巴黎，法亚尔出版社，2010 年。

5 拉康的这句名言通常被译为“没有性关系”或“性关系”不存在，然而需要指出的是，拉康在这里并未使用通常用来表示“关系”的“relation”一词，而是使用了表示“相配”的“rapport”一词，故我们应该更准确地将这句话译为“没有性相配”而非“没有性关系”。——译者注

而更多的是对立双方之间的一场战争，每一方相对于另一方都处在一种"非对称性"的位置之上。爱情恰恰增补了这一"性相配"的缺失："爱就是将自己所没有之物给予某个不想要它的人"，抑或是"我要求你拒绝我提供给你的东西，因为那不是它"。拉康曾以各种不同的方式来命名介于"灵魂"（âme）与"死亡"（mourir）之间的"爱情"（amour）："爱墙"（l'amur）[1]、"死了都要爱"（amourir）[2]、"真爱不死"（amort）[3]、"苦爱"（âmer）[4]。

至于弗洛伊德，正如很多维也纳人一样，他先前也曾着迷于人类的性欲，他当时认为，女孩曾欲望成为一个男孩，而随着女孩渐渐长大，她又渴望成为一个母亲，怀上她自己父亲的孩子。因而，她必须使其自身与她的母亲分离，也就是说，与她的"原初爱恋"（premier amour）分离，以便依恋于另一性别的对象，一个父亲的替代者。弗洛伊德当时曾对这一反常的观念坚信不疑：女孩有"阴茎嫉羡"（envie du pénis），这一主题在后来遭到他的那些英国弟子的驳斥，尤其是梅兰妮·克莱因。

鉴于弗洛伊德完全是一种"性别一元论"（monisme

---

1 "爱墙"（amur）是拉康用"爱"（amour）与"墙"（mur）构成的新词，对此的详细论述，请参见拉康《研讨班XX：再来一次》的开篇讲座。——译者注
2 此处的"amourir"是拉康将法语中的名词"amour"和动词"mourir"结合而成的新词，我在这里把其姑且译为"死了都要爱"。——译者注
3 "l'amort"在法语中与"la mort"发音相同，鉴于"a"在这里可以用作一个否定性的前缀，故我将其译为"真爱不死"或"唯爱永生"。——译者注
4 这里的"âmer"一词与法语中表示"苦涩"的"amer"发音相同，故我将其译为"苦爱"。——译者注

sexuel）的信徒——力比多对两性而言都是相同的——所以他当时便把任何基于所谓性欲的自然本能的论断看作是错误的。在他看来，既不存在"母性本能"（instinct maternel），也不存在"女性种族"（race féminin），除非在由男人和女人所建构的那些幻想与神话里。至于"性别差异"（différence sexuelle），他当时则将其化约为一种分离性"逻各斯"（*logos* séparateur）与一种繁殖性"古老性"（archaïcité foisonnante）之间的对立，前者是一种象征化的男性原则，而后者则是先于理性而存在的一种母性失序（désordre maternel）。因此，弗洛伊德便得出他的那句著名格言："解剖学即命运。"（Le destin, c'est l'anatomie）[1]

然而，弗洛伊德从来不曾主张，解剖学是对"人类境遇"（condition humaine）而言的唯一可能的命运。他当时是从拿破仑那里借来这句话的，这一事实便是对此的证明，拿破仑先前曾一度想要把"未来人民"（peuples à venir）的历史写入政治中，而非写入对那些古老神话的某种持续性参照中[2]。

借由这句格言，弗洛伊德在当时重新评价了那些古代的悲剧，从而经由一种政治性的戏剧作法（dramaturgie）

---

1 参见西格蒙德·弗洛伊德，《论爱情生活中最常见的贬低》（Sur le plus général des rabaissements de la vie amoureuse），收录于《性生活》（*La Vie sexuelle*），巴黎，PUF 出版社，1970 年，第 75 页。
2 在 1808 年 10 月 2 日同歌德在埃尔福特（Erfurt）的相遇期间，拿破仑大帝曾提到"命运的悲剧"，在他看来，这些命名的悲剧皆属于一个最黑暗的时代，他当时曾这么说道："我们今天的命运又如何呢？政治即命运。"

而把性别差异的重大问题搬上舞台。继而，随同弗洛伊德一道并且在弗洛伊德之后——另外也是由于西方家庭的解构，加之精神分析出现的背景——男人和女人便注定要在彼此之间进行某种"理想化"或某种"贬低化"，而且永远都不可能抵达一种"实在的完整性"（complétude réelle）。因此，弗洛伊德便从拿破仑大帝所认为的"世界舞台"和"人民战争"中获得灵感，并据此描述了性别的场景，同时他还预见到一场全新的"性别战争"，这场性别战争总有一天会将"生殖器官"当作关键所在，以便在这一器官中引入"欲望"与"享乐"的语言。

如果说对弗洛伊德而言，解剖学内在于人类的命运，那么它则无论如何都不是一条不可超越的地平线。另外，这也恰好是弗洛伊德的"自由理论"的基础：承认一种命运的存在，以便更好地摆脱命运的束缚。

从拉康的视角来看，女人则从来都不是一种"女性本质"（essense féminine）的化身，更不是一种"解剖学"的化身。她并不作为一种不变的整体性（totalité invariant）而存在，而男人则只不过是一个虚假的主人，他只不过借由给他自己赋予其自身"全能"（toute-puissance）的幻象来达到对女人的支配。

我能够证实，大概在 1948 年，当西蒙娜·德·波伏瓦（Simone de Beauvoir）在撰写《第二性》（*Le Deuxième*

102

Sexe）的时候，她曾试图结识拉康。她给拉康打了电话，并且在处理这一主题的方式上向拉康寻求了一些建议。拉康不胜荣幸，回复说需要五六个月的会面和讨论来把这个问题梳理清楚。由于不太想耗费这么多时间来结束一部考据翔实的著作，波伏瓦只提议进行四次会面来对问题进行讨论，结果却遭到拉康的拒绝。

由于受到黑格尔主义的滋养，波伏瓦当时不可能没有注意到拉康的观点。然而，她的那些参照却与拉康的那些参照大不相同，因为她早在 1940 年 7 月就曾解读过黑格尔的《精神现象学》，而且她当时并未受到科耶夫式解释的影响和标记。

因此，波伏瓦当时从"镜子阶段"概念中保留下来的东西，便更加接近瓦隆的概念而非拉康的概念性系统。另外，波伏瓦还把这个概念变成了其论证的重点："女人并非天生的，而是生成的。"（On ne naît pas femme, on le devient）这一观念使她能够如拉康那样离开弗洛伊德式的生物主义，只不过是通过不同于拉康的其他方式。拉康先前是经由黑格尔与科耶夫而抵达弗洛伊德的，而波伏瓦则是经由拉康而用一种存在主义——萨特意义上的那种"存在主义"——替换了弗洛伊德式的生物主义。然而，与此同时，波伏瓦又规避了精神主义（psychisme）的概念，即主体性的无意识建构的概念。

到 1958 年则轮到拉康，当时他借鉴了波伏瓦的这句格言，但并未说明这一点——以便驳斥其中的那些术语——从而重新修改了有关"女性性欲"的那些精神分析理论。他保留了"性欲一元论"和"单一力比多"（这是他与弗洛伊德相一致的地方），同时他还在"他者性别"（Autre sexe）的位置上引入了"增补"的概念（这是他不同于弗洛伊德的地方），这一概念继而大获成功[1]。15 年后，他又宣称"~~夫写女大~~不存在"（ ~~La~~ Femme n'existe pas）。尽管英国的女性主义者们——尤其是朱丽叶·米切尔（Juliet Mitchell）——纷纷将其理解为一句标语来标定女人的"历史性非存在"（inexistence historique）的丑闻，但拉康的这句格言事实上指的是：凡是对任何"女性本质"的自然化皆是不可接受的。无论如何，这在当时恰恰涉及的是针对波伏瓦的一则延迟回应[2]。

如果说拉康当时曾将女性特质比作一种"增补"，将女人比作一种"非本质"（non-essence），将爱情比作对"性相配"之缺失进行增补的东西，抑或是将其比作我们无法给出的一种礼物，那么他便是让"女性性别"或"女性生殖器"（sexe féminin）[3]进入了一个"实在"的世界（univers

---

1 雅克·拉康，《针对一届有关女性性欲的大会的指导性言论》，收录于《著作集》，同前引文，第 725-736 页。
2 雅克·拉康，《研讨班 XX：再来一次》，雅克–阿兰·米勒编，巴黎，瑟伊出版社，1975 年。在这句话中，拉康划掉了法语中的阴性定冠词"La"。
3 法文中的"sexe"一词即指"性"与"性别"，也特指"女性生殖器"。——译者注

d'un réel）——抑或是一个"洞开"（trou béant）的世界——

104　同时他还依托于其朋友乔治·巴塔耶的那些描述，他曾从巴塔耶那里借来了这样一种观念，即如同在"精神主义"中那样，在整个社会中也存在着一个遭到诅咒或是晦暗不明的部分，一个不可能加以象征化的剩余，某种在逃离的事物：某种神圣性的事物、暴力性的事物、异质性的事物、倒错性的事物。

　　拉康当时说道，就其本身而言，享乐也同样是一种增补，它既不类似于"快乐"，也不类似于"满足"，而是类似于对某种"丢失之物"——"原物"或"大写之物"（la Chose）——的寻找：对男人来说，这个"原物"就是"不可知之物"；对女人来说，这个"原物"则是"不可说之物"[1]，也就是一种无限的、无声的、无言的高潮，这是一种没有主人的占领，也是一种既没有统治者也没有被统治者的统治。只有那些神秘主义者——相比于男人来说更多的是女人——才拥有关于它的秘密：这是一则"性倒错"的秘密，正如贝尔尼尼[2]在罗马创作的"圣特蕾莎修女的狂喜"所证明的那样，拉康曾经对着这座雕像大发赞叹。那些神秘主义者在享乐。在其信仰的经验中，她们遭受了一种享乐，一种她们无法言说的享乐。上帝穿透了她们的身体与灵魂，

1　参见第 12 章。

2　吉安·洛伦佐·贝尔尼尼（Gian Lorenzo Bernini, 1598—1680），意大利文艺复兴时期的著名画家、建筑师兼雕塑家，以其巴洛克风格而闻名。——译者注

是她们的狂喜而非她们的话语在言说：她们痉挛的面庞，她们在昏厥中失神的目光，她们分散的四肢转向了无限。

恰恰是因为在拉康看来，女人的性器官是"不可能表征""不可能言说"且"不可能命名"的东西，所以在巴塔耶的建议下，他在 1954 年购得了古斯塔夫·库尔贝[1]的那幅著名油画《世界的起源》（*L'Origine du Monde*），这幅油画是在 1866 年为当时常驻巴黎的奥斯曼土耳其外交官哈利勒－贝伊（Khalil-Bey）创作的。

105

在这幅油画中，我们可以发现，在爱情的阵阵痉挛之后，一个女人的性器官在其完全裸露中大开门户，也就是说，这是我们无法展现的东西，也是我们无法言说的东西——倘若我们把那些留给色情作品的话语和地方统统撇到一旁的话。这幅画当时就构成了一则丑闻，而且还震惊了龚古尔兄弟[2]，他们当时曾评价说，这幅画"就像科雷乔[3]笔下的肉体那般"美丽，而马克西姆·杜·坎普[4]则在其中看到了一种"污秽"（ordure），这一污秽甚至配得上去给萨

1　古斯塔夫·库尔贝（Gustave Courbet，1819—1877），法国画家兼雕塑家，现实主义大师。——译者注

2　"龚古尔兄弟"（les frères Goncourt）即爱德蒙·德·龚古尔（Edmond de Concourt，1822—1896）与朱尔斯·德·龚古尔（Jules de Concourt，1830—1879），两人皆是19 世纪的法国自然主义作家，著有《热曼妮·拉瑟顿》等小说，创立了"龚古尔学院"并设立著名的"龚古尔文学奖"。——译者注

3　科雷乔（Corrège）即安东尼奥·阿莱格里·达·科雷吉欧（Antonio Allegri da Correggio，1849—1534），意大利文艺复兴时期著名画家，"帕尔马"画派的创始人，作品有《利达与天鹅》等。——译者注

4　马克西姆·杜·坎普（Maxime Du Camp，1822—1894），法国多题材作家兼旅行摄影家。——译者注

德侯爵（marquis de Sade）的那些作品充当插图。在那位外交官去世之后，这幅"名画"便在人们的眼前消失不见了，其后在私人收藏家们之间来回转手。直到第二次世界大战期间，由于纳粹将其没收充公，这幅画才终于在布达佩斯重见天日，随后它又在那些苏维埃的得胜者手里几经辗转，以便在最后卖给一些收藏家。在这幅油画的屡次漂泊期间，曾有人用一幅木板画覆盖在它的上面，木板画上画的是一幅风景画，旨在掩盖其中的情欲性，因为这个原始状态下的性器官实在是太令人惊骇。

　　这一门户大开的女性性器官像极了巴塔耶在《爱德华夫人》中的描述 [1]，由于在看到它时感到极度不适，西尔维娅·拉康 [2] 曾要求其姐姐露丝（Rose）的丈夫即其姐夫安德烈·马松 [3] 创作了另一幅画来覆盖库尔贝的画。于是，这位画家制作了一个木板盖子来代表一种别样的女性性器官，从而在抽象层面上与库尔贝所设想的实在性器官拉开了很远的距离。当我们观看马松所创作的这幅草图时，我们便会产生这样一种印象，即他是在呈现对原始性器官的一种清教徒式的禁欲性模仿（imitation puritaine），因为它是对原始性器官的拟像性再现（représentation simulée）。简

106

---

[1] 乔治·巴塔耶，《爱德华夫人》（*Madame Edwarda* [1941]），收录于《巴塔耶全集》（*Œuvres complètes de George Bataille*）第 III 卷，巴黎，伽利玛出版社，1971 年。

[2] 西尔维娅·拉康（Silvia Lacan）即乔治·巴塔耶的前妻西尔维娅·巴塔耶。——译者注

[3] 安德烈·马松（André Masson，1896—1987），法国超现实主义画家，作品有《四大元素》等。——译者注

而言之，一幅全新画作（néo-tableau）既对原作进行了压抑，同时又将它展示了出来。

1994 年，西尔维娅去世之后，这幅画便被捐赠给奥尔赛博物馆（musée d'Orsay）。自此之后，《世界的起源》便脱下了它的"遮羞布／性器遮盖"（cache-sexe）并解除了全然的控制，从而暴露在众人的目光之下[1]。

拉康先前曾非常喜欢轻快地滑开这块木板来震惊他的那些访客，以便向他们断言库尔贝已经是一个拉康派："阳具就在这幅画当中"，他当时曾这么说道。他还把弗洛伊德有关"恋物癖"（fétichisme）的一篇著名文章转化成有关"面纱"（voile）的一则评论：面纱遮蔽了我们想要掩盖的事物的缺位。我还记得自己在 1970 年左右拜访拉康位于吉特兰库尔（Guitrancourt）的乡间别墅时曾瞥见过这个神秘的"原物"，就悬挂在拉康府邸的办公室里[2]。

很多画家都曾对库尔贝的这幅画进行过不同版本的复制，有时是为了掩盖其颠覆性的力量，有时则是为了追还其颠覆性的力量。但在 1989 年，一位名叫奥尔兰（Orlan）的女性主义造型艺术家，也是性倒错性别、行为艺术、跨

107

---

1 蒂埃里·萨瓦迪耶（Thierry Savatier）曾极其生动地描述了这幅绘画的历史，参见《世界的起源：古斯塔夫·库尔贝的一幅绘画的历史》（*L'Orignine du Monde. Histoire d'un tableau de Gustave Courbet*），巴黎，巴尔蒂亚（Bartillat）出版社，2006 年。在此书 2009 年新版增加的后记里，他又做出了这样一则假设：库尔贝的模特当时是一位怀孕的女人。因此，这幅画作的标题叫作《世界的起源》。我要感谢他给我提供了这些信息，以及乔治·维加雷洛（Georges Vigarello）吸引我注意到奥尔兰（Orlan）的那些操演。
2 参见第 13 章。

性别主义、身体改造的坚定支持者，重新审视了西方绘画遗产中的那些作品，从而创作出这幅画最令人惊愕的拉康式版本：一个勃起的阳具，替代了女人的性器官。借由这幅"作品"——其标题是《战争的起源》（*L'Origine de la guerre*）——通过实现不可表征的"原物"与其遭到否认的"物神"之间的一种融合，奥尔兰当时想要解蔽先前曾在这幅画中遭到遮蔽的东西。依托后拉康主义、性别麻烦与身份同一性——战争、死亡、女性、男性、生育[1]——通过严肃对待拉康有关恋物癖的主题，她翻转了这位画家的图像："我既是一个男人，又是一个女人"，她当时曾这么说道[2]。

这便是因拉康而实现的"享乐政治"与"女性政治"的出乎意料的遗产。在拉康去世之后，那些跨性别的女性主义信徒又重新采纳了这一政治，我们可以在当前的迷恋中找到它的痕迹。对此，我曾经讲过，这不仅是对"自我虚构"（autofiction）的迷恋，而且是对源自人类身体的种种对象——通常都是女性对象——的展示的迷恋，抑或是对那些实在性行为的细致描述的迷恋：从那些祭献性的残缺，一直到那些最具倒错性的实践——诸如"恋尸癖"（nécrophilie）与"嗜粪癖"（coprophilie）等。

---

1 参见第 14 章。
2 奥尔兰的"操演"是在《世界的起源》被捐赠给"奥尔赛博物馆"之前创作的，她基于计算机软件的图像技术对《世界的起源》进行了修改。

在这里，我们又如何不会联想到夏洛特·罗什（Charlotte Roche）[1]这位德国电视台主持人和"主流女性主义者"呢？她的著作《潮湿地带》（*Zones humides*）[2]在 2009 年甫一出版就成了畅销书。通过认同其自身的那些身体分泌物，她曾宣告自己是其自身"污秽"的吞咽者：根据拉康的说法，这就是"永恒女性"的另一面（envers de "l'éternel féminin"）。

---

1 夏洛特·罗什（Charlotte Roche，1978 年生），德国主持人、制片人、歌手、演员兼小说家，当代著名女性主义者，著有《潮湿地带》《小死》等。——译者注
2 夏洛特·罗什，《潮湿地带》，巴黎，阿纳贝特（Anabet）出版社，2009 年。我们同样也会想到伊娃·恩斯勒（Eve Ensler）曾获得巨大成功的那部著名戏剧《阴道独白》（*Monologues du vagin*，1996）。

11

1966 年的《著作集》

在1990年献给拉康的一届学术研讨会期间，雅克·德　　109
里达曾讲述了他与拉康初次相遇时的一些情况。当时正值
1966年10月，约翰斯·霍普金斯大学（Université Johns-
Hopkins）在巴尔的摩市（Baltimore）组织了一场有关"结
构主义"的著名专题研讨，拉康曾担心他用900页篇幅
来汇编其教学精髓的想法将会导致一场灾难。在谈到其《著
作集》的装订时，他曾对德里达说："您就瞧着吧！它是
粘不牢会散架的。"

对拉康而言，一旦出版物的问题被提出来，这便是
在当时折磨着他的焦虑。稍后，他曾使用"垃圾出版物"
（poubellication）[1]这一术语来指涉其最珍爱的欲望对象在
他眼里可能变成的"剩余""残渣"或"废料"。同样，在
谈到其"研讨班"的时候，他曾将其指称为一种"速记型贫写"
（stécriture）[2]，从而以一种倨傲的姿态表现出他是多么偏
向于蔑视从"言语"到"书写"的过渡。除此之外，他还
创造出一系列新词："乱书"（stembrouille）[3]、"愚蠢化"

1　"垃圾出版物"（poubellication）是拉康用"出版物"（publication）和"垃圾桶"
（poubelle）缩合而成的新词。——译者注
2　这里的"stécriture"是拉康用"书写"（écriture）、"速记"（sténographie）和"贫瘠"
（stérilité）缩合而成的新词，故我在这里将其译为"速记型贫写"。——译者注
3　这里的"stembrouille"也可读作"cette embrouille"或"c't'embrouille"，鉴于
"embrouille"在法语中有"混乱"和"舞弊"的意思，故我在这里姑且将其译为"乱
书"。——译者注

（stupidification）[1]、"出版垃圾化"（poubellicant）、"垃圾化出版"（poubelliquer）[2]、"出版即遗忘"（p'oublier）[3]等。

从 1964 年开始，因路易·阿尔都塞的提议，拉康进驻了位于乌尔姆大街（rue d'Ulm）的高等师范学校（École normal supérieur，ENS），继而又创建了"巴黎弗洛伊德学派"（EFP），以至于在他的临床实践之外，拉康也跻身为一位举世闻名且饱受争议的思想家，就像米歇尔·福柯、罗兰·巴特、雅克·德里达与吉尔·德勒兹等人一样。因而，他所归属的这一代知识分子皆更多地关注"主体性"的那些无意识结构，而非关注"自我意识"在主体与其世界的关系上的地位：这些思想家皆更多地对一种"概念哲学"敏感，而非对"存在主义"敏感。

拉康当时非常担心自己的思想会遭人剽窃，而这也是他先前曾试图保留其最珍贵的那些"思想秘密"的原因所在。然而，事实上，他又不停地希望让自己的思想变得举世闻名，并且伴随着它们所应得的轰动。由于担心自己不讨人喜欢的想法一直占据着他，拉康便展现出一种恐惧：他害怕其作品可能会逃离他自己想要对其给予的那种解释。因而，

---

1 "愚蠢化"（stupidification）是拉康根据法语形容词 "stupide" 而创造的名词化形式。——译者注

2 这里的"出版垃圾化"（poubellicant）和"垃圾化出版"（poubelliquer）分别是根据"垃圾出版物"（poubellication）而变化的分词化形式和动词化形式。——译者注

3 这里的"p'oublier"同时缩合了"出版"（publier）和"遗忘"（oublier），故我将其译为"出版即遗忘"。——译者注

他仅仅同意发表其言语的"书写痕迹"（trace écrite），以便让它只在各大弗洛伊德主义体制和精神分析期刊的有限圈子内进行流通。

因此，拉康当时便将其"研讨班"的打字本及其"著作集"的选印本统统保存在自己书桌的抽屉里——这些文本如今早已变得难觅踪迹——就仿佛他从来都无法与之分离似的。他会哀怨地看着它们——"我要怎么来处理这一切呢？"——又或者是按照一些精妙的题词抑或暧昧的隐情而把它们当作"奖赏"分发出去。他还会把它们秘密地展示出来，如同某种隐藏的珍宝一般，类似于《世界的起源》中阴户大开的女性性器官那样。

如此一来，在内行人的圈子之外，拉康的著作对任何想要正常阅读它的人来说便始终都是无法企及的。他 1932 年的博士论文也是一样，当时这篇论文由于没有再版而被人们遗忘。先前曾有一本样书在机缘巧合之下突然出现在一家专业书店的柜架里，拉康急匆匆地把它买了回去。

直至 1966 年，一位名叫弗朗索瓦·瓦尔[1]的编辑——拉康当时曾与其保持着一种强烈的反转移关系——才最终

1　弗朗索瓦·瓦尔（François Wahl, 1925—2014），法国哲学家兼出版商，早年曾积极参与抵抗运动，随后任瑟伊出版社的编辑，1966 年曾与法国哲学家保罗·利科（Paul Ricœur）合作策划"哲学秩序"丛书，与拉康合作策划"弗洛伊德领域"丛书，同时他还是弗朗索瓦兹·多尔多、罗兰·巴特、阿兰·巴迪欧、让－克劳德·米尔纳与菲利普斯·索莱尔斯等人的编辑。本书作者卢迪内斯库曾为瓦尔写过一篇悼词，中肯地评价了他在推动法国结构主义思潮和精神分析运动的发展上所做的贡献。关于瓦尔与拉康之间的复杂关系，请读者参见卢迪内斯库在《拉康传》中的相关描述。——译者注

让拉康同意发表其著作集的文本。事实上，这部《著作集》是由他的那些讲座报告汇集而成的，而这些讲座报告本身都派生自他的"研讨班"。

因此，在这部《著作集》出版之后，拉康就变成了由他人编纂的一部文集的作者，于是他的这部文集便起到了如同"圣经"一般的作用，他的弟子们随后也都纷纷对其进行了口述性的评论。事实上，我们必须知道，拉康总会在其"分析治疗"与其"研讨班"之间建立起某种连续性，以至于对他的那些分析者来说，参加"研讨班"事实上便等同于一次分析会谈：这是一种"长时会谈"，因为它可能会持续将近两个小时，而且这样的会谈也非常不同于在拉康位于里尔大街的分析室里所展开的那种"短时会谈"。

不过，由瓦尔所实现的这部"鸿篇巨著"（opus magnum）也让拉康变成了一部书面性著作的作者，不同于在"研讨班"中的口述性著作——他的研讨班本身也是先进行了录音，尔后其弟子们又对其进行了誊录，再后来，从1973年开始，雅克-阿兰·米勒则以"共同作者"的身份对其进行了编写。

就此而言，《著作集》便应当较少地被看作一部书籍，而应当更多地被看作对拉康致力于口述教学的整个一生的汇编。因此，他起了《著作集》这个标题来指代某种无法拆解、无法消逝且无法偷窃的"痕迹"或"档案"：一封信总是会抵达其目的地。而这也是这部著作会以其著名的《关于"失窃的信"的研讨班》来开篇的原因所在[1]。

不像拉康自称其具有口述性的"研讨班",这部"鸿篇巨著"一上来便呈现出其与"研讨班"之间的差异:它是由另一位"作者"联名共享的一部著作。因为尽管瓦尔是这些文本的"助产士",但他的名字并未出现在《著作集》的封面上,而作为其"研讨班"的誊录者,雅克–阿兰·米勒的名字却堂而皇之且理所当然地同拉康的名字并列出现。

"我在自己消逝之前必须发展出的每件事情上都是迟滞的,而且我也很难前行。"拉康在 1966 年于"巴尔的摩学术研讨会"上宣告的这句话恰好总结了一个有关"存在与时间"的难题,这也曾是拉康思想的主要论题之一。由于从童年时期开始,拉康便受制于其拖沓和焦虑的牵绊,以至于他从来都不曾停止过思考"非全"和"半说"的理论化,他甚至还展现出一种强烈的欲望:想要掌控时间,想要阅读他所收藏的所有书籍,想要拜访所有文化高地,想要占有所有对象。他那种传说中的"急性子",那种总是"不达目的誓不罢休"的欲望,都在他的日常生活中经由不同的症状表现出来,而且随着年龄的增长,这些症状也都变得更加凸显了。

113

---

1 当雅克–阿兰·米勒在拉康逝世二十年后编辑其《著作别集》的时候,他也选择让《文字涂抹地》一文作为卷首的开篇:"这则文本在我们看来注定要在这里占据着在《著作集》中归属于《关于"失窃的信"的研讨班》的位置。"参见《著作别集》,同前引文,第 9 页。

在其生命的最后岁月里，他不但继续缩减其分析会谈的持续时间，继续每晚睡眠不超过五个小时，继续驾驶着他的豪车而不服从那些基本的交通安全规则，而且他还越来越多地受到"驴皮紧缩"（peau de chagrin）的幻想[1]所萦绕。由于担心种种衰老的痕迹可能会终结其智识的活动，对死亡的恐惧便渐渐开始萦绕在他的心头，他开始害怕看到其话语及其遗产会消失不见。但这反而导致拉康去重新质询他先前曾将自己对弗洛伊德学说的解读奠定于其上的那些神话、语词和概念："阉割""剩余""性别""享乐""字符""死亡""奥义""三位一体"。于是，拉康当时便试图对其著作的"文字性"（littéralité）发起一场倒错式的挑战——他的著作总是遭到拆解，总是遭到重构，而且总是尚未到来。

借由在 65 岁时发表其书面性著作的主要部分，他便给"书写"而非这些文章的简单汇编赋予了一种本体论的分量，这一"书写"被他定义为一个根本性的事件。多亏了瓦尔，拉康才得以将他的《著作集》制作成一个记忆的地点，让它服从于一种"主体的再历史化"（réhistorisation subjective）："我因而发觉自己把这些文章重新放置在一种'先将来时'之中 [……] 当看到它们在那些不太满的年份上散开（s'agailler）的时候，这难道不是让我们暴露于那些说我们让步于某种迟滞（attardement）的指责吗？"[1]

因此，鉴于拉康的《著作集》是由派生自其言语的其他文本制作而成的，作为这则文本的作者，拉康也像自己的弟子们那样遭到了同样症状的侵袭：他开始评论自己的作品，就仿佛是它涉及先于他自己而存在的某个他者的作品那样——某个"大他者"、上帝抑或弗洛伊德——他开始把自己变成其自身"话语性"（discursivité）的代言人。因而，在 1970 年左右，他便乐于引用自己，乐于以"第三人称"来谈论自己，乐于过度解释自己的那些立场，乐于模仿自己过去的那些措辞习惯，乐于"享乐游戏"（jouljouer）[2]、"乔伊斯化"（joycer）[3]、"登陆文字涂抹地"（lituraterrir）。

无论如何，我们都会在拉康的《著作集》中发现其思想制作的不同地层，每个地层都由一句惊人的格言所标点："无意识像一种语言那样结构""人的欲望是大他者的欲望""我，真理，在言说""没有大他者的大他者"，等等。

经过几个月的苦心制作和漫长讨论之后，这部"巨著"于 1966 年 11 月 15 日在书店上架，伴随着一些主要概念的理论性索引（这要归功于雅克 – 阿兰 · 米勒），连带着一

---

1 雅克 · 拉康，《著作集》，同前引文，第 71 页。
2 这里的"jouljouer"是拉康在《研讨班 XXI：那些不上当受骗者犯了错》中创造的一个新词，其单数变位的发音"je jouljoue"与"je joue le jeu"（我玩游戏）构成了一个文字游戏，故我在这里将其译为"享乐游戏"。——译者注
3 "乔伊斯化"（joycer）是在"乔伊斯"（joyce）的名字后加上"er"而构成的新词。——译者注

种批评性的装置,还有一种逻辑性而非时序性的文本呈现。

甚至在出版社发表任何书评之前,5000 册书就在不到两个星期的时间里被一抢而空,超过 5 万册书以平装本被售卖。而对这样一部相当复杂的文集来说,其袖珍本的销量更是打破了之前的所有纪录:上卷卖出了超过 1.2 万册,下卷则卖出了超过 5.5 万册。在此之后,拉康将作为一位具有远见卓识的思想家受到人们的称颂或攻击,嫉恨或倾慕,而不只是一位负隅顽抗的实践者。

拉康的《著作集》远不止是一部"应时性的作品"(ouvrage de circonstance),它是一部既类似于索绪尔的《普通语言学教程》又类似于黑格尔的《精神现象学》的文集,而且自此之后它也作为一种思想的"奠基之作"(Livre fondateur),根据时代的不同,人们可以按照不同的方式对其进行解读、批判、评论或解释,而其中最糟糕的便是那些追随者的方式。

12

原物与瘟疫

作为一位充满悖论的大师，拉康曾自诩是真正重铸精 117
神分析学说的代言人。对于此种重铸，我曾给出弗洛伊德
主义的"正统接班人"（relève orthodoxe）的命名。这里的"接
班人"就是"接替"（relève）的意思——抑或是德语中的
"扬弃"（Aufhebung）——之所以这么说，是因为拉康的
重铸涉及一种革命性的姿态，而说他是"正统"的接班人，
则是因为拉康当时曾声称他在弗洛伊德的文本中——在他
所谓的"原物"中——重新发现了此种革命的本质："返
回同时也意味着一场从那些根基出发的复兴。"又或者说：
"返回弗洛伊德的意义就是对弗洛伊德的意义的返回。"（le
sens d'un retour à Freud est le retour au sens de Freud）

在 1956 年纪念弗洛伊德诞辰一百周年期间，通过思考
弗洛伊德本人及其正统思想，拉康甚至宣称，这一百年的
诞辰"假设了他的著作是弗洛伊德本人残存的延续"。

弗洛伊德曾以"大写之物"（das Ding）或"原物"（la
chose）这个名称来命名一种不可化约的内核，它也是主体
无法企及的一种原初性的经验，是主体既无法对其进行命 118
名，也无法在其中区分任何对象的一种无法言说的痕迹。
弗洛伊德的很多后继者皆更多关注"对象关系"（relations

d'objet）而非主体与对象之间的独特性关系，对他的这些后继者来说——尤其是对梅兰妮·克莱因来说——此种"原物"既类似于"母亲的古老身体"（corps archaïque de la mère），也类似于现代的临床工作者们在我们的"抑郁社会"（sociétés dépressives）将其称作"依恋"（attachement）或"联结"（lien）的所有东西。要么是"早年丧失的依恋"（attachement perdu）或"尚未解开的联结"（lien non dénoué），要么是"可能的分离"（séparation possible）或"不可能的分离"（séparation impossible）——不管这些说法是否引起了某种"回弹"或"反冲"（résilience），"原物"都是一个在今天遭到滥用的术语。

因此，它便是我们能够在萨缪尔·贝克特[1]的小说里重新发现的那种无法命名之物，而在痴迷于卑贱、肮脏、罪恶与自传性夸大乃至不加以文学变形便直接剽窃他人生活的整个当代文学里也都存在着此种无法命名之物。这里的"原物"就是一种前历史性的无言的对象，它被深深地掩埋在某种毁灭的深渊之中；而在寻找其不在场的踪迹之时，人们便窃取了、抢夺了并再现了一种比"现实"更加真实的"实在"。他们会基于网民们在网络上搜集而来的那些文本来建构叙事，并且对别人见过和别人说过的事物进行

---

[1] 萨缪尔·贝克特（Samuel Beckett，1904—1989），爱尔兰作家、诗人兼剧作家，荒诞派戏剧的主要代表人物，著有小说《马龙之死》、戏剧《等待戈多》与《终局》等。——译者注

拼贴。正如我先前曾说过的那样，此种后弗洛伊德主义和后拉康主义精神分析的"倒错性经验"贯穿了整个现代文学：叙事变成了性欲化的展示，小说也纳入了治疗的丝网和个案的呈现，乃至那些"僭越性身体"（corps transgressifs）与"淫秽性语言"（langue pornographique）的景观化[1]。

119

拉康将此种"原物"转化为一种"纯粹的缺失"（pur manque），它是主体借以跟对象发生融合的一种享乐：在这座"失乐园"（paradis perdu）里，身体皆被化约成它的排泄物，就像萨德在其《索多玛的 120 天》（*Les Cent Vingt Journées de Sodome*）里所展示的那样，这是拉康当时曾非常酷爱的一则文本。声音、目光、镜子、空洞，还有伪装成鳄鱼的血盆大口的女性性器官，以及乔伊斯的那些碎片：在拉康笔下，这些东西都是"原物"，它们也常常遭到各种各样的变形（métamorphose）——achose、hachose、Achose、achosique——这里的否定性前缀"a"恰恰表明了它的区分性特征在于其"开口"及其"空洞"，而这里的嘘音"h"则意味着它的区分性特征在于其自身的"斩首"（décapitation）：用"斧头"砍掉了"脑袋"（la tête coupé à la hache）[2]。"弗洛伊德之物"或"弗洛伊德式的原物"（chose freudienne）在拉康看来同样是一种无法

---

1 我们可以在斯拉沃热·齐泽克（Slavoj Žižek）的著作中找到这些主题。参见文森特·考夫曼（Vincent Kaufmann），《马拉美的讨错》（*La Faute à Mallarmé*），巴黎，瑟伊出版社，2011 年。

2 这里的"斧头"（hache）一词与法语中的字母"h"发言相同。——译者注

穿透的秘密——"存在的秘密"（secret de l'être）——他从海德格尔那里借取了此种秘密的形式。

然而，这里的"原物"也更多是一种谜题，它是斯芬克斯的谜语、是一头杀人的怪兽，也是弗洛伊德为了抓住这头怪兽的"犄角"（aux cornes）而从自己嘴里说出的真相[1]。在这里，我们再一次重新发现了拉康如此珍爱的那些动物性隐喻，即介于马克斯·恩斯特[2]与拉·封丹[3]之间的那些动物性隐喻。

总而言之，根据拉康，"原物"是"弗洛伊德式人类主义"（humanisme freudien）的本体论基础，这是一种被命名为"非人"（inhumain）的人类主义。拉康自己也曾重新思考了"奥斯维辛"之后的整整一代思想家所特有的那种对"人道主义"或"人类主义"的批判："非人"（non-humain）在人性中构成了一个不可或缺的组成部分。这是因为拉康非常熟悉阿多诺的文本，尤其是他与霍克海默合著的《启蒙辩证法》[4]，即便他先前并未引证这些思想家的著作。因此，拉康当时便敦促他的听众不是要朝向"欧洲大地"的本质进行返回，不是要返回遗忘"存在根基"的海德格尔式主题，

---

1 雅克·拉康，《著作集》，同前引文，第408页。
2 马克斯·恩斯特（Max Ernst, 1891—1976），德裔法国画画家兼雕塑家，达达主义和超现实主义运动的主要代表人物，其作品多以荒诞的艺术手法来表现幻觉和梦境而著称。——译者注
3 让·德·拉·封丹（Jean de La Fontaine, 1621—1695），17世纪法国著名寓言诗人，其代表性著作有《拉·封丹寓言》。——译者注
4 马克斯·霍克海默与西奥多·阿多诺，《启蒙辩证法》（*La Dialectique de la raison*, 1947），巴黎，伽利玛出版社，《原样》杂志，1974年。

而是要重新夺回"民族国家"之前的那个时代，即他如此深爱的 17 世纪：那是巴尔塔沙·葛拉西安[1]与拉罗什富科的世纪。最后，拉康则奋起反抗美国，他当时曾说，美国背叛了来自古老欧洲的弗洛伊德式信息。

这也是为什么于 1955 年在维也纳的一次讲话（这场讲座的地点跟弗洛伊德的房子挨得很近）中，他曾发明了一种非常法国式也非常超现实主义的思想（我们可以想到安托南·阿尔托[2]）。根据这一思想，弗洛伊德的发明便可以比拟于一场"流行病"，它能够颠覆正常状态、公共卫生与社会秩序的那些权力，它就是"瘟疫"。欧洲反对美国，他在那一天如此断言："这便是我从荣格的嘴里听到的弗洛伊德对他说的话，当时他们两人曾受邀到克拉克大学访问，在他们抵达纽约港并看到那个照耀全世界的著名雕像的时候，弗洛伊德便对荣格说：'他们不知道我们给他们带来了瘟疫'。这句话是作为一种'狂妄自大'的证明而归于弗洛伊德的，但是它的反语和它的阴险并未熄灭这个问题的光芒。为了将它的作者诱入陷阱，涅墨西斯（复仇女神）只须按他的话立刻兑现即可。恐怕她还在这上面加

121

---

1 巴尔塔沙·葛拉西安（Baltasar Gracián, 1601—1658），17 世纪西班牙"黄金时代"的散文家与哲学家兼耶稣会教士，以其《智慧书》而闻名于世。——译者注
2 安托南·阿尔托（Antonin Artaud, 1896—1948），法国传奇的戏剧理论家、演员、作家兼诗人，"残酷戏剧"的创始人，其代表性著作有《残酷戏剧》《针对诗歌的反叛》《戏剧及其复像》《艺术与死亡》《疯子阿尔托》《梵高：被社会自杀的人》《结束上帝的审判》等。——译者注

了一张头等舱的返程票。"[1]

我曾经证实过，弗洛伊德先前从未讲过这句话，而且荣格先前也从未跟任何人谈论过这则瘟疫的故事。在弗洛伊德于1909年抵达美国的时候，他在荣格与费伦齐的簇拥之下，只是简单地说了一句："当他们知道我们要说的东西时，他们可能会大惊失色。"

因而，在20世纪中期，拉康便成功地给这句话赋予了某种神话性的价值，以至于在法国，人人都相信弗洛伊德曾经真的说出过这句话。事实上，对所有拉康派和所有法国人来说，这句话就变成了弗洛伊德理论的颠覆性表象的奠基性神话，而且它完美地符合了"法国式例外"（exception français）的一个面向。事实上，经由超现实主义者们的贡献和拉康的教学，法国是世界上唯一把弗洛伊德的学说看作颠覆性并将其比拟为传染病的国家，类似于1789年的法国大革命。

这句话就这样被建构成一种障眼法的对象（objet en trompe-l'œil）——带着一些藤蔓花纹与矫揉造作——从而也阐明了一种拉康式的"原物"概念。作为内行人眼中的一则密码，它也暗示着那些想要打入弗洛伊德主义革命者圈子的人必须在这场全新的流行病中披上战士的铠甲。

122

---

1 雅克·拉康，《著作集》，同前引文，第403页。

如同富凯[1]的仰慕者阿拉米斯[2]那样，拉康也曾乐于像一位挑战帝国权力的耶稣会教士的将军那样向他的听众讲话。无论他是"诅咒者"还是"解放者"，也无论是在他的言辞之中还是在他对扭结和辫带的那种狂热之中，拉康都将"德国启蒙运动"（Aufklärung）的晦暗与"法国启蒙运动"（Lumières）的澄明结合起来。他让弗洛伊德扮演了某种"普罗米修斯"（Prométhée）的角色，既能够去挑战那些"新世界"（Nouveau Monde）的清教徒，又能够去挑战理性和自由的女士，即那尊"照耀全世界的著名雕像"。他当时曾说，美国在本质上把弗洛伊德的学说变成了其自身的对立面：一种服务于"自由企业"（libre entreprise）的意识形态，而只有一场全新的"瘟疫"才能够颠覆这样的意识形态。

与弗洛伊德相反——虽然弗洛伊德曾忠实于他的犹太人身份，但并不忠实于犹太教，而且他对任何宗教都怀有某种敌意——拉康本人尽管也是一位无神论者，但他始终都依附于一种"教权主义的体制"（institution

---

1　尼古拉斯·富凯（Nicolas Fouquet, 1615—1680），即"贝勒岛侯爵"，法国路易十四时期的财政总监，早年曾在"投石党运动"中支持枢机主教马萨林（Mazarin）和王朝政府，后因贪污腐败被路易十四没收财产并终身监禁。另外，他也是大仲马小说《布拉热洛纳子爵》和电影《铁面人》中的重要角色。——译者注

2　阿拉米斯（Aramis）是大仲马作品《三个火枪手》《二十年后》《布拉热洛纳子爵》三部曲中的重要人物，也是"三个火枪手"之一。在《布拉热洛纳子爵》中，阿拉米斯绑架并监禁了路易十四，密谋用他的双胞胎兄弟取而代之，在很大程度上就是为了拯救他的朋友富凯。然而，富凯却拒绝了这场阴谋，路易十四的双胞胎兄弟也被送进了监狱，成为"铁面人"。——译者注

cléricale），他曾将其看作一种政治性的力量，而且他也始终依附于这样一种思想：他认为基督教——或者更确切地说是天主教——因其"道成肉身"（incarnation）的学说而是唯一真正的宗教。他将这一学说当作武器——就像挥舞着一面欧洲的旗帜那样——来反对清教徒式和实用主义的"弗洛伊德主义美国"。

123　　因而，在1953年，拉康想要让教皇相信，他的无意识理论——潜入语言之中，而非潜入大脑皮层之中——能够触动那些信徒而非触犯他们[1]。事实上，由于相信宗教最终能战胜一切事物，其中也包括科学，因而他便给精神分析这一"理性学科"指派了一个关注"实在界"的角色，即关注任何逃离"象征化"的东西。简而言之，也就是关注"文明的不满"中那些异质性的面向："原物"，总是原物……对我们而言，他的这一告诫也是同样有效的，因为我们的时代恰恰在对"原教旨主义"的欲望和对"享乐"的无限寻求之间发生了割裂，而充斥着"色情描写""自传虚构"与"同类相残"的当代文学，无疑是其主要的标志之一。

---

1 他曾在这个方向上写过一封信给他的弟弟。我曾在我的《法国精神分析史》中复制了这封信件，同前引文。

13

房产、书籍与藏品

在文学的历史上，那些名录、财产清单、锁在抽屉里 125
的家谱或列表，总是充当着那些叙事过程的创作的支撑。
无论我们是想到了荷马（Homère）在《伊利亚特》（*Iliade*）
中曾繁冗描写过的那份著名的"船只目录"（catalogue des
vaisseaux），还是想到了乔治·佩雷克[1]在《事物》（*Les
Choses*）[2]中杜撰出来的那份详尽细目，我们势必会注意到，
存在着一种分类的艺术，令这些大师纷纷为之着迷。

这一切的发生就像这样的名录——无论它是混乱的、
有序的还是解构的——单凭其自身便拥有了某种权力来
担保其所命名事物的永久性和普遍性似的。就此而言，所
有的名录皆具有创伤性的本质，即它构成了某种"事件"
（événement）。大概正是出于这一原因，人们才总是会诉
诸这些名录——而无论他们身处怎样的文化——以便证明
这样一个事实：他们的历史或故事并未被化约为某种"妄 126
想"或"虚构"。因而，这样的名录便是"历史"的档案
性实在，也是"事件"的闯入性标志，因为它恰恰涉及重

1　乔治·佩雷克（Georges Perec, 1936—1982），法国作家，先锋小说家，著有《事
物：1960年代的故事》《一个沉睡的人》《消失》《W或童年记忆》《生活使用手
册》等。——译者注
2　乔治·佩雷克，《事物：1960年代的故事》（*Les Choses. Une histoire des années
soixante* [1965]），巴黎，口袋书（Pocket）出版社，2002年。

构此种事件的逻辑。

然而，名录也可能是时而具有拯救性时而具有致命性的。如果说我们会想到那些注定要遭到死亡处决的人质的名单，抑或是相反会想到那些能够死里逃生的幸存者的名单——例如"辛德勒的名单"（liste de Schindler）——又或者是会想到那些刚从毒气室里出来便被送进焚尸炉里化作灰烬的失踪者的名单，只有他们被铭刻在一座巨大纪念碑上的名字才能给他们在湮灭之前的某种独特性的存在提供证明，那么我们便会理解，名录就是某种事物，同时又是其自身的反面：它既是死亡的风险，又是面向死亡的反抗。

就拉康而言，为了暂时缓和其档案的缺位，我先前曾在自己的档案里保存了一份尚未发表的文件，而为了重建其生命的最后岁月，我就曾部分地依靠过这份档案：在"liste"一词的字面意义上，这是一份"名录"或"清单"。实际上，这份名录便涉及这位大师的遗产清单：不同遗产继承人之间的财产分配、一些证词、各种身份证件和资格证书、一些法律文件，还有一些传记资料，等等[1]。

127　　在这些文本当中，出现了拉康全部财产的清单，而在

---

[1] 这份文件包括在 1981—1987 年收集起来的那些打字文本或手写文本，总共三百多页。我曾经在《拉康传》中多次引用过这份文件，同前引文。也可参见伊丽莎白·卢迪内斯库，《拉康的名录：那些消失之物的清单》（La liste de Lacan. Inventaire de choses disparus），收录于《法国国家图书馆期刊》（Revue de la BNF）2003 年第 14 期；尔后又重载于埃里克·马尔蒂（Éric Marty），《拉康与文献》（Lacan et littérature），乌耶，马努修斯（Manucius）出版社，2005 年。

这些财产当中——尽管拉康是用法律话语的"中性语言"来描述它们的，但此种语言又像是从一个"吃人妖魔"的黑暗嘴巴里冒出来的东西[1]——却出现了指向大量珍品收藏的另一份清单，这些藏品本身都是用一些"词语"来命名的，因而我们必须猜测它们到底指涉的是什么。名词的清单，言词的浪涛，术语的雪崩，而我们则必须解释这些不同的命名：这就是对我所谓的"拉康的大清单"（grand Liste de Lacan）的描述性说明，在这份大清单里交错混杂着各种物件和房产的描述，各种人物的名单和藏品的列表——无论这些物件是现实存在还是业已消失的——最后还有一系列的事件：这是一个存放记忆和物品的真正寄存处。

拉康的这份"大清单"与画家雅克·卡雷尔曼[2]曾表现的那张著名的《难以寻觅的物件名录》（*Catalogue d'objects introuvables*）极其相似，后者的灵感来自马塞尔·杜尚[3]的拼贴、利希滕贝格[4]的格言与马格利特的画布——又是马格利特——尤其是《武器制造的名录与圣艾蒂安的圈子 》（*Catalogue de la manufacture d'armes et cycles de Saint-Étienne*）[5]。在这部作品中，卡雷尔曼曾列举了各种无法使

128

1　罗兰·巴特就曾习惯于给拉康起一个"吃人妖魔"的绰号。
2　雅克·卡雷尔曼（Jacques Carelman，1929—2012），法国画家、艺术家。——译者注
3　马塞尔·杜尚（Marcel Duchamp，1887—1968），法国画家、艺术家。——译者注
4　乔治·克里斯托弗·利希滕贝格（Georg Christoph Lichtenberg，1742—1799），德国哲学家、作家兼物理学家，以其《格言集》著称。——译者注
5　雅克·卡雷尔曼，《找不到的对象的名录》，巴黎，食客（Cherche-Midi）出版社，1997年。这句著名的格言出自乔治·克里斯托弗·利希滕贝格："一把无刃的刀，正是把柄所缺少的。"（Un couteau sans lame, au quel manque le manche）

用的物件（objets inutilisables），它们皆是由日常生活中的其他物件根据一种想象性的装配（agencement imaginaire）进行拆解再重新组装而制作出来的，此种"想象性装配"因而便给这些物件赋予了来自某种超现实主义梦境的那些"欲望机器"（machines désirantes）的崇高性：针对秃头者的一柄流线型梳子、用来熨烫手套的一块手掌型衬板、因其袖珍尺寸而著称的一把平板型座椅，如此等等。

作为一位具有恋物癖的收藏家，拉康曾醉心于各种稀有版本或原始版本，在其整个生命过程中，他曾积聚了各式各样的藏品，其中包括各种大师的油画、水彩、素描和雕塑，乃至一些古代的小雕像和名贵家具，当然还有那些根据他自己的指示而缝制出来的奇装异服：各种皮毛大衣、没有翻盖的圆领衬衫或是歪扭且翻折的硬领衬衫、尺码各异的大花领结、用那些意想不到的皮革量身定制的鞋子，以及各种金币和金条，等等。

在这份"大清单"里盘点的那些物件当然都是"难以寻觅"的，因为如同那些档案一样，它们都是四散零落的。然而，它们并不类似于卡雷尔曼的那些物件。恰恰相反，只有通过在其生命的最后岁月里侵袭拉康思想的那种语言仪式，我们才能够重新解释它们的意义。

实际上，自1970年开始，语词新作的冲动便在拉康的话语中以令人眩晕的方式与收藏物件的冲动相混合。在

这十一个年头里[1]，拉康当时从詹姆斯·乔伊斯的那些文本 129
里汲取了一份"语词新作"的清单，这些新词就像一个滑
稽剧演员一样模仿着那些藏品的清单。拉康在感到自己的
精神日渐衰弱之时，通过滑稽性地模仿乔伊斯的《芬尼根
的守灵夜》（*Finnegans Wake*）展现出一种"言语性狂怒"
的艺术，借由此种艺术，他便让先前在其无意识中遭到压
抑的暴力性的家庭记忆统统冒了出来。我想到有一次研讨
班的讲座，他曾在其中将自己命名为"朱尔斯·拉库"
（Jules Lacue），意指"得到治愈的孩子"；还有另一次研
讨班，他曾在讲座上咒骂了自己祖父的名字；最后的第三
次，他则借由思考《世界的起源》而把"大写的母亲"（La
Mère）说成是"一条长着血盆大口将你们吞噬的鳄鱼"，
又或者他还把维多利亚女王说成是一个"龇着尖牙的阴
道"[2]。

　　不同于"妙语"——那些俏皮话或缩合词——旨在阐
明语言的多重面向，正如在拉伯雷[3]抑或乔伊斯的文本里那
样，"新词"则有可能转向妄想性的创造，也就是当作者
凭借语词新作来重新思考自己的整套思想体系之时，尤其

---

1 即1970—1981年。
2 参见雅克·拉康，《研讨班 XXIII：圣状》（*Le Séminaire. Livre XXIII, Le Sinthome*
[1975-1976]），雅克–阿兰·米勒编，巴黎，瑟伊出版社，2005年。也可参见雅
克·奥贝尔（Jacques Aubert），《乔伊斯同拉康》，雅克–阿兰·米勒作序，巴黎，
纳瓦兰（Navarin）出版社，1987年，以及雅克·拉康，《症状乔伊斯》（Joyce le
symptôme），收录于《著作别集》，同前引文，第 565-570 页。
3 弗朗索瓦·拉伯雷（François Rabelais，1494—1553），文艺复兴时期法国人文主
义作家，著有《巨人传》。——译者注

是当他为了将自己的名字印刻入一种有可能"无中生有地"涌现出全新概念的话语之时。就此而言，新词的泛滥抑或"语词新作"的过剩便是一种语言的滥用，即它把思想化作了一种妄想性的词语堆砌。

130　　　拉康当时不仅会收集各种新词、物件、房产、书籍或服装，他还会积累那些分析会谈，正如曾经络绎不绝地出入其里尔大街公寓的无数病人和学生们的名单所表明的那样。1975 年之后，会谈的持续时间则干脆缩减到没有持续时间和没有会谈的情况。

　　举例而言，我在这里要引用他的一位分析者的证词。这位证人说道："我可以作证，我曾在 1972—1976 年按照每周三次会谈的节奏在拉康那里接受分析与督导，尔后在 1976—1986 年是每周六次，自 1975 年起每周还要再增加一次督导的会谈。分析会谈的价格在 1972—1981 年都是固定不变的，即 150 法郎。督导会谈的价格在 1978 年从 300 法郎涨到 500 法郎，而这些会谈的持续时间也都是弹性的，但很少会超过几分钟。无论约定的会面时间是几点钟，在一般情况下，拉康博士当时同时使用的那两个等候室都座无虚席：大概 12 个人。"[1]

　　时间的溶解，分析者的倍增，还有会谈数量的激增——根据那些证词，有些人甚至每天要在拉康那里进行十次会

---

1 这份证词的时间可追溯至 1982 年 1 月 15 日。

谈，每半小时进入拉康的分析室里会谈一分钟——乃至等待地点和言说地点的拆分：这就是我们在这份大清单里找到的"播撒"（dissémination）。

如果说弗洛伊德当时曾将他的那些希腊和中国的小雕像陈列在自己的办公桌上，是为了对它们进行拟人化并让它们充当其写作的支撑[1]，那么拉康则尤其试图以某种享乐来视觉化这些物件，此种享乐等同于他曾在"洗脚礼"（lavement des pieds）的景观面前所体验到的那种享乐，他非常喜欢到罗马的一些女性修道院里去秘密地参加此种宗教仪式。因其把这些物件当作一面镜子来使用，他也非常乐于在它们面前安排一位客人，他会搜寻这位客人的目光以便在其中找到某种紊乱。

拉康曾经肯定地说道，他对物件的喜好丝毫都不类似于弗洛伊德的那种喜好，因为在他这里，收藏的物件就是某种"超越对象的原物"（chose au-delà de l'objet），它们的功能就其自身而言无外乎一种完美的无用性，就像雅克·普莱维尔[2]收藏的那些相互嵌套或相互层叠的带有打开的抽屉或关闭的抽屉的"火柴盒"一样。这是一种废料和

---

1 《弗洛伊德的房屋，维也纳博加斯大街 19 号》（*La Maison de Freud. Berggasse 19, Vienne*），埃德蒙德·英吉尔曼（Edmund Engelman）的摄影与彼得·盖伊（Peter Guy）的传略（纽约，1976），巴黎，瑟伊出版社，1979 年。

2 雅克·普莱维尔（Jacques Prévert，1900—1977），法国诗人、歌唱家兼电影编剧。其主要著作有《话语集》《故事集》《晴雨集》《杂物堆》等，其代表性编剧作品有《天上人间》（1946）、《国王与小鸟》（1952）和《巴黎圣母院》（1956）等。另外，普莱维尔也是拉康的朋友，拉康曾在其《研讨班 VII：精神分析的伦理学》中讲过他在拜访普莱维尔时看到的这堆火柴盒的收藏。——译者注

碎屑的堆积："因为只要你们对其加以反思，你们便会发现这些火柴盒是以某种东西的飘忽不定的形式来向你们呈现的，这种东西叫作'抽屉'，它对我们来说是如此重要，

132 以至于它一有机会便能够呈现出一种道德的意义。在此，这个得到解放的抽屉便不再受制于其腹部的合适宽度，因而显得具有一种交媾的力量，由普莱维尔式的合成品所描绘的这副形象注定会让我们的眼睛对此种力量敏感。"[1]

在此种与对象的关系之中——这一对象于是便充当了向小他者的想象性侵占的转化或过渡——我们再度且总是会重新发现充当着对另一事物的支撑的"镜子阶段"或"物化对象"（objet chosifié）。对此，拉康的建筑师朋友莫里斯·克鲁克（Maurice Kruk）曾在 1982 年 5 月写道："拉康有时会用这样的方式来声明他为何会依附于那些艺术作品给他带来的某种启示，根据它们的煽动性力量乃至它们可能会在他人那里触发的反应，在我看来，他所拥有的所有东西在任何时刻总是会被他用于自己的反思；这些作品的在场乃至跟它们的习惯性接触与他的生活方式也是相伴而行的。它们的价值要么在于那些家庭的纽带或是友谊的联结，要么在于它们所包含的那些激发着他的神秘和谜题。"

就书籍而言，拉康往往也会显示出一种想要立刻拥有它们的狂热欲望，即便他当时能够在国家图书馆里发现这

---

1 雅克·拉康，《研讨班 VII：精神分析的伦理学》，同前引文，第 136 页。

些书籍的目录。他总是想要第一个收到他所垂涎的作品，
当然还要有其作者的亲笔签名和题词。有的时候，他甚至
会要求作者把手稿寄给他，声称他自己已经准备好一大笔
资本，为的是能够"触摸""凝视"或"吞噬"他所欲望
的东西。正如他在1951年曾对罗曼·雅各布森所说的那样：
"我是多么想要拥有您关于失语症的著作啊。"他当时
还补充说，他很清楚地知道，如果这位语言学家并未给他
寄来这本著作，那也是因为他当时没有更多可供使用的样
书："还有可能再找到一本二手的吗？"为了得到这个东
西，拉康还说自己已经准备好去开一张无限额度的信用卡。
后来，在提及另一本书的时候，他还向雅各布森询问那是
否涉及同一部著作，也就是他先前曾以《幼儿语言、失语
症与语音学通则》（*Kindersprache, Aphasie und Allegemeine
Lautgesetze*）的标题而找到文献参考的那部于1941年在乌
普萨拉（Uppsala）出版的著作 [1]。他还补充说，哪怕这本书
不同于雅各布森曾向他谈论的那部著作，对他来说这也会
一样的弥足珍贵。

在1958年11月的另一封信件里，因为没能顺利搞到
他先前曾在一家伦敦书店订购的绝版书，拉康便要求雅各
布森尽其所能地把他的书都寄给他，条件是只要"您肯让
我花钱购买这些价值不菲的东西"。他还引用过韦伯斯特

---

1 罗曼·雅各布森，《幼儿语言与失语症》（*Langage enfantin et aphasie* [1941]），巴黎，
午夜出版社，1969年。拉康的这些信件都来自罗曼·雅各布森的捐献。

（Webster）的书，希望雅各布森可以在回信时把这本书寄给他，他并非不能等待，而这将是一件让他非常高兴的东西。

134 　　在我的档案里出现的众多书信之中，拉康为了苛求他的通信者们而增加了各种叫骂，催促他们毫不延迟地给他寄来那些最珍贵的著作。通常，当他最终能够得到这些书籍的时候，他要么不会归还——哪怕这些书籍是他借来的——要么不会支付他们谈妥的购书款，要么当出借人向他索要的时候，他便声称自己已经搞丢了这个东西。

　　因而，在作为"原物"的意义上，这些"物件"——书籍、手稿与艺术作品——便落入了一种幽灵性缺位的"无人地带"（no man's land），这一幽灵至今仍然在侵扰拉康的那些财产继承人。就像对档案来说，我们永远都不会知道这一"原物"是否真的遭到了破坏、遗失或丧权，又或者它是否有朝一日也能像"亚哈船长"[1]的鲸鱼那样从布满灰尘的旧货市场的海洋中喷涌而出，从而重新汇合于那些尚待处理的档案的流转。在有关这些呈现出来或消失不见的物件、物品、书籍或档案的"拉康式传奇"当中，从来都不曾有人知道是谁拥有了什么。任何言语、任何神谕、任何先知都丝毫不会拥有支配这一记忆地点的主权。同样，拉康的这份"大清单"，就像那幅著名油画中的女性性器官一样，类似于一片已遭淹没的大陆。它不会出现在任何

1　"亚哈船长"（captaine Achab）是美国作家赫尔曼·梅尔维尔（Herman Melville, 1819—1891）的著名小说《白鲸记》中的主人公。——译者注

卡片上，也不会假设有任何命名。

拉康的宏大纪念碑在地形学上的细目开始于里尔大街 5 号，伴随着对那间著名的分析室的描述，还有那把同样著名的灰褐色质料的躺椅。我们都知道，这把躺椅曾于1991 年 10 月 5 日在德鲁奥酒店（hôtel Drouot）[1] 被拍卖给一位匿名的买家。这位买主把它送给了自己的妻子，也是一位临床心理学家，但后者发觉拉康的躺椅不仅有些黯淡无光，而且相当陈旧过时。随后，他便把这张躺椅丢弃到屋顶的阁楼上 [2]，后来他曾尝试过把它重新转卖给一些精神分析家，但却是徒劳一场。这把躺椅有朝一日是否还会重新出现呢？——没有人知道。

拉康先前曾在持续四十年的时间里接待其病人的这个场所如今已变成了博物馆，现在他的分析室也因此是围绕着一个"不在场的对象"来组织的：在那把真正的躺椅所在的地点，人们替换上一件酷似原物的躺椅复制品。这座博物馆既无法比拟于伦敦的弗洛伊德博物馆，也无法比拟于维也纳的弗洛伊德博物馆。前者——伦敦的弗洛伊德博物馆——藏有弗洛伊德的全部物件，他的那些收藏，他的历史及其生活的痕迹，还有他女儿在他死后的生活

---

1 "奥德鲁酒店"是巴黎的拍卖中心。——译者注
2 因为这些家具与物件的拍卖权属于西尔维娅·拉康。她是拉康的第二个女儿，出自他的第一段婚姻，所以这些拍卖便是在西尔维娅的要求下委托给盖伊·路德梅尔（Guy Loudmer）进行的。在这份拍卖清单里一共有 53 件藏品，其中包括弗朗索瓦·鲁昂（François Rouan）的四幅石版画，一些古玩小摆件，还有一些罕见的书籍和一张办公桌。

痕迹，这座房屋位于梅尔斯菲尔德花园大街（Maresfield
Gardens）20号，是弗洛伊德自己在其流亡伦敦期间所购
买的房产；而后者——维也纳的弗洛伊德博物馆位于博加
斯大街（Berggasse）19号——是一个空荡荡的空间，它纯
粹只是证明这位大师在1938年逃亡国外之前的那一幽灵般
的存在。他先前曾在那里跟自己的家人们一起生活了47年。

与这两处有关弗洛伊德记忆的高地相反，拉康的博物
馆只是一个虚拟的纪念馆，一个"歪像化"且"非实在"的
纪念馆。人们并不会进去参观。只有张贴在大楼外墙上的
一块铜制牌子指示着拉康曾于1941—1981年在此处生活。

有关拉康记忆的第二处伟大领地便是"普雷沃特"
（Prévôté），这是拉康在1951年购买的一栋位于吉特兰
库尔特小镇的乡间别墅。在拉康生前，这栋别墅是由三个
不同部分构成的：一栋供居住用的主楼；一栋叫作"玻璃
缸""工作坊"或"图书馆"的附楼，充当着他工作的分析室；
最后还有一间面向游泳池的休憩小屋，这是在莫里斯·克
鲁克的建议下于1970年之后建成的，后者是拉康先前曾在
日本邂逅的一位建筑学教授。正是在这个地方，拉康养成
了沉溺于"茶道仪式"的习惯。鉴于他既有对"传统"的
关切，又有对"远东"（这是他自打其青年时代开始便梦
想着的地方）的亲切，他便购买了一些罕见的物件和古玩，
其中包括一个"桃山时代"（époque Momoyama）的日本瓷碗，

这是由他最喜欢的古董商不乏嫉妒地帮他挑选出来的。

除了这栋被划分成三个区域的别墅，在拉康的"大清单"中还有一处房产，即里尔大街3号的公寓，拉康将其指派为西尔维娅·巴塔耶的住宅。自1943年10月开始[1]，西尔维娅·巴塔耶便居住在这间环绕着无数油画、书籍、文件和小雕像的公寓里。在她于1993年突然去世之后，这些物件都被搬走了。在这份清单里，只剩下上千册书籍的痕迹，而没有提到它们的标题。

在他生前，拉康都是在一个场所与另一个场所之间来回奔走。正如玛丽－皮埃尔·德·柯西·布里萨克[2]曾写道的那样："里尔大街曾经有两个非常清晰的命名，其一是工作，其二是日常生活，然而人们还是会在一栋大楼与另一栋大楼之间来回穿梭，尽管它们在整体上似乎既不宏伟也不显赫。当时有一个招待朋友的宴会厅，我曾经受邀去那里吃饭。西尔维娅——他当时明显非常钟情于她——当时就像一位在针尖上跳舞的舞者那样，在她自己的房子里扮演着一个不太能意识到自己具有动人魅力的角色。雅克打从一开始就掌控着一切，尽管是千辛万苦还带着私下的

1　早在1938年便已经跟西尔维娅离婚的乔治·巴塔耶，在这个日期（即1943年10月）上又跟他的第二任妻子丹妮丝·罗琳（Denise Rollin）离婚，后者当时曾将她在里尔大街3号拥有的这间公寓让渡给西尔维娅·巴塔耶。

2　玛丽－皮埃尔·德·柯西·布里萨克（Marie-Pierre de Cossé Brissac，1900—1993），第12代布里萨克公爵，法国回忆录作家兼实业家，著有四卷本的20世纪编年史：《在其他时代》（1900—1939）、《时代的延续》（1939—1958）、《奔腾的时代》（1959—1974）与《对面的城堡》（1974—1985）。——译者注

嘲讽。"[1]

《世界的起源》并非在普雷沃特的"玻璃缸"里展示的唯一画作。在拉康的博物馆志当中还出现了一份叫作"并非全部"的清单，这张清单也出现在那份"大清单"之中，它是由那些所谓的"西方绘画"构成的，而这些绘画的主题基本上是非常女性化的：除了库尔贝的这幅作品之外，我们还会在其中发现莫奈的《睡莲》（*Les Nymphes*）、巴尔蒂斯[2]的《肖像》（*Portrait*）、一幅赵无极[3]的画作、毕加索的《后仰的裸女》（*Femme nue renversés*）、一幅雷诺阿（Renoir）[4]的画作，还有四幅马松的画作和德朗[5]的《西尔维娅的肖像》（*Portrait de Sylvia*）。

138　　在这份"大清单"内的另一张清单里，编目了一些日本木版画的收藏，还有另一些非常罕见的中国字画的收藏，其中包括 15 卷字画和 10 把折扇。在同一份清单里，还额外提及了拉康收藏的另一些不同的物件：10 尊用陶土烧制的亚历山大时期的小雕像和 12 件前哥伦布时期的纳斯卡（Nasca）瓷器，其中的一件是"格外"著名的，以及一些

1　玛丽 – 皮埃尔·柯西·布里萨克写给伊丽莎白·卢迪内斯库的这封信件的日期是 2006 年 12 月 1 日。
2　巴尔蒂斯（Balthus, 1908—2001），本名巴尔塔沙·克洛索夫斯基（Balthasar Kłossowski），法国画家，形象艺术代表人物。——译者注
3　赵无极（Zhao Wou-Ki, 1921—2013），法国华裔画家。——译者注
4　皮埃尔 – 奥古斯特·雷诺阿（Pierre-Auguste Renoir, 1841—1919），法国著名印象派画家，作品有《游船上的午餐》《包厢》《煎饼磨坊的舞会》等。——译者注
5　安德烈·德朗（André Derain, 1880—1954），法国画家，野兽派创始人，作品有《威斯敏斯特大桥》《两艘驳船》等。——译者注

南美洲的面具和祭祀物品，其中有一尊前哥伦布时期的大型雕像，另外还有一些古埃及时期的雕像碎片和一些象牙雕刻。

在大师"进行工作"的分析室所在的附楼里，人们同样可以发现两个另外的空间，叫作"工作室的等待间"。至于第二栋建筑物，或者"主楼"，则由多个房间组成，其中包括一间中心会客室，叫作"绿色沙龙"（salon vert）。

在此种犹如"迷宫"形态一般的布置当中，拉康曾经安排了五个藏书阁，这些藏书都是"从贝雷斯（Brèse）、巴兹（Bazi）、洛里埃（Loliée）、尼凯斯（Nicaise）等书店搞来的"。除了我稍后将要提及的那些藏书之外，其中还包括了狄德罗的《百科全书》（Encyclopédie）的原版，以及阿波利奈尔[1]的《醇酒集》（Alcools）的原版，它们全是由黑色皮革装订的，另外还有名为《画室》（Atelier）的20本介绍画家的大画册，伴随着一些现代或古代极富原创性的版画——例如，毕加索与皮拉内西[2]。在那份大清单里，这些藏书都被列为"消失的绝版"。

在拉康工作的分析室和他的两间等待室里聚集着拉康最为重要的三个藏书阁，第四个藏书阁位于主楼的"绿色

139

---

1 纪尧姆·阿波利奈尔（Guillaume Apollinaire，1880—1918），法国著名诗人。——译者注

2 乔瓦尼·巴蒂斯塔·皮拉内西（Giovanni Battista Piranesi，1720—1778），人称"皮拉内西"（Piranèse），意大利雕塑家与建筑师。——译者注

沙龙"里，第五个藏书阁则位于他在里尔大街 5 号的公寓房间内。至于第六个藏书阁则位于里尔大街 3 号，就像后来库尔贝的那幅画作那样，拉康每天都会到那里去。这个藏书阁并未出现在拉康的"大清单"里，拉康的第五个藏书阁也是一样，也就是位于里尔大街 5 号的那个藏书阁。至于里尔大街 3 号的这个藏书阁，与之相关的唯一证明便是那上千册书籍的存在，另外还有两个装满罕见书籍的书柜，几个装满超现实主义作家和古典作家的原版书籍的书架，其中包括阿波利奈尔的《被杀害的诗人》（*Poète assassiné*）的原版，以及《米诺陶》（*Le Minotaure*）杂志的全集，最后还有乔治·巴塔耶的一些手稿。

现在我们来到那份 28 页的文件。这份文件盘点了可以让我们找到拉康的书写痕迹的唯一藏书阁，即普雷沃特的大藏书阁。这个藏书阁有两个区域，事实上，它是由四个书柜组成的：其中一个书柜位于主楼，另外三个书柜则位于小屋与两间等待室。关于这个大藏书阁，我们只知道它的清单，它在拉康的财产分割期间被分配给其长女的儿子之一[1]，为了使其避开那些猎奇者和收藏家的目光，此人在乡下建造了一间小屋，并根据那些最复杂精密的安保标准来对其进行布置。它总共包括 5147 册藏书。

因为这些书籍都是不可得见的，所以我们不可能确切

---

1 法布里斯·罗杰 – 拉康（Fabrice Roger-Lacan），卡洛琳·拉康（Caroline Lacan, 1937—1973）的儿子，她本人出自拉康的第一段婚姻。

地知道，其中哪些是拉康大师先前曾阅读过的书籍、哪些是他或许曾标注过的段落、哪些又是他在其"研讨班"中以不够准确的方式来引用别人著作时的参考文献。另外，由于他的口述性著作在编辑出版时并未添加任何文献性的注释或背景性的参照，因而在他的思想制作与拉康终其一生囤积的这些书籍之间的因果联系便注定会渐渐地消解一空。此种情境便导致了其"研讨班"的不同誊录员和索引员争相添加自己的解释，以至于达到了"过度解释"的程度[1]。

涵盖这个"大藏书阁"的书单只盘点了那些来自西方或东方文化遗产中的古典著作（及作者）[2]：《一千零一夜》（*Les Mille et Une Nuits*）、伊本·赫勒顿（Ibn Khaldoun）、歌德、塞万提斯、陀思妥耶夫斯基、瓦列里·拉尔博（Valery Larbaud）、莎士比亚、所有伟大的俄国作家、所有伟大的英国小说家、十来本艺术书籍或艺术史专著、勒孔特·德·李勒（Leconte de Lisle）、荷马、索福克勒斯、西塞罗（Cicéron）、希罗多德（Hérodote）、凯撒（César）、塔尔芒·德·雷欧（Tallemant des Réaux）、亚里士多德、保罗·斯卡隆（Paul Scarron）、约里斯－卡尔·于斯曼（Joris-Karl Huysmans）、萨德及多个版本的萨德、卡萨诺瓦的《回忆录》（*Mémoires*）、乔治·库尔特林（Georges

141

---

1 这些不同版本的研讨班全文在网络上都可以找到。
2 我在这里是按照它们出现在清单中的顺序来引用它们的名字的。

Courteline）、夏尔·波德莱尔（Charles Baudelaire）、弗里德里希·尼采（Friedrich Nietzsche）、一大堆科学著作——其中包括约瑟夫－路易·拉格朗日（Joseph-Louis Lagrange）、夏尔·伯纳德·勒努维耶（Charles Bernard Renouvier）、安东尼－奥古斯汀·库尔诺特（Antoine-Augustin Cournot）、乔治·古维耶（Georges Cuvier）、皮埃尔·让·乔治·卡巴尼斯（Pierre Jean Georges Cabanis）、泽维尔·比夏（Xavier Bichat）、迪什纳·德·布洛涅（Duchenne de Boulogne）等人的著作——亚瑟·兰波（Arthur Rimbaud）、莱昂·布鲁瓦（Léon Bloy）、托马斯·马尔萨斯（Thomas Malthus）、皮埃尔－约瑟夫·蒲鲁东（Pierre-Joseph Proudhon）、马克思、恩格斯（42 卷全集）、黑格尔、奥古斯特·布朗基（Auguste Blanqui）、史密斯（Smith）、卡尔·考茨基（Karl Kautsky）、诺瓦利斯（Novalis）、夏尔·傅里叶（Charles Fourier）、费迪南德·拉萨尔（Ferdinand Lassalle）、路易·布兰克（Louis Blanc）、让－保罗·马拉（Jean-Paul Marat）、列宁、米哈伊尔·巴枯宁（Mikhaïl Bakounine）、安东尼·德·利瓦罗尔（Antoine de Rivarol）、达米安[1] 审判的原始文本、勒内·笛卡尔（René Descartes）、费内隆（Fénelon）、莫

---

[1] 罗伯特·弗朗索瓦·达米安（Robert François Damiens，1715—1757），因企图暗杀路易十五而遭到审判，是法国历史上最后一个遭到"车裂"的人，这是在"旧制度"下为"弑君罪"保留的酷刑。——译者注

里斯·巴雷斯（Maurice Barrès）、雅克·皮埃尔·布里索（Jacques Pierre Brisso）、费利西泰·德·拉梅内（Félicité de La Mennais）、十几本医学书籍、28 卷本巴尔扎克全集、一整排德国作家、中国文明史、墨西哥文化史、犹太《塔木德》法典、康德、曼恩·德·比朗（Maine de Biran）、圣西蒙（Saint-Simon）、巴尔塔萨·葛拉西安（Baltasar Gracián）、圣伯夫（Saint-Beuve）、杰曼·德·斯特尔（Germaine de Staël）、安德烈·谢尼埃（André Chénier）、让 – 雅克·卢梭（Jean-Jacques Rousseau）、弗朗索瓦 – 勒内·德·夏多布里昂（François-René de Chateaubriand）、保罗·西里·德·霍尔巴赫（Paul Thiry d'Holbach）、尼古拉斯·马勒布朗士（Nicolas Malebranche）、加尼叶经典丛书（24 卷）、"七星诗社"（La Pléiade）丛书全集（24 卷）、儒勒·米什莱（Jules Michelet）、泰奥菲尔·戈蒂埃（Théophile Gauthier）、伊波利特·泰纳（Hippolyte Taine）、普罗斯珀·梅里美（Prosper Mérimée）、欧仁·苏（Eugène Sue）、吉拉德·德·奈瓦尔（Gérard de Nerval）、德雷福斯案件[1]、柏拉图、《圣经》的萨西（Sacy）法译本、路易·兰波（Louis Rimbaud）、布莱兹·桑德拉尔（Blaise Cendrars）、阿波利奈尔（Appollinaire）、狄德罗（Diderot）、让·拉辛（Jean

---

1　德雷福斯事件（l'affaire Dreyfus）是 19 世纪末法兰西"第三共和国"时期围绕阿尔萨斯裔犹太军官阿尔弗雷德·德雷福斯（Alfred Dreyfus）上尉的叛国罪指控而爆发的一场重大社会政治冲突事件，该事件从 1894 年爆发至 1906 年才得以平息，影响了法国社会整整十二年。——译者注

Racine）、皮埃尔·德·龙萨（Pierre de Ronsard）、蒙田

142 （Montaigne）、拉丁语戏剧全集、卡图尔·门德斯（Catulle
Mendès）、凯瑟琳·笛卡尔（Catherine Descartes）、本雅明·康
斯坦特（Benjamin Constant）、路易·德·博纳尔德（Louis
de Bonald）、奥古斯特·孔德（Auguste Comte）、埃德加·奎
内特（Edgar Quinet）、艾蒂安·卡贝（Étienne Cabet）、
芙罗拉·特里斯坦（Flora Tristan）、加布里埃尔·博诺·德·马
布里（Gabriel Bonnot de Mably）、24卷"形而上学"研
究、23卷《亚里士多德全集》、60多卷数学和几何学书
籍、乔瓦尼·薄伽丘（Giovanni Boccaccio）、克尔凯郭尔
（Kierkeggard）。

在整个这一系列的古典著作之上，还添加了另外一整
个系列的20世纪作家的现代著作[1]：安德烈·纪德（André
Gide）的28卷文集，哈夫洛克·霭里士（Havelock Ellis）
的12卷《心理学研究》全集，亨利·科尔宾（Henry
Corbin），布雷顿（Breton）的雕像收藏与新喀里多尼亚
文献，配合有关美拉尼西亚人（卡纳克族）、复活节岛的
原住民与巴布亚人等的各种著作（共15卷）以及47册有

---

[1] 在这份藏书清单里罗列的名字大多都是法国乃至世界历史上的文化名人，其中涵
盖了哲学、宗教、政治、文学、诗歌、戏剧、历史、社会、经济、科学与艺术等方
面面。或许拉康的这份藏书清单里的很多书籍都只是用作者的姓氏来标注，导致
作者卢迪内斯库在引用时大多也省略了作者的名字。因此，为了方便读者查找相关
资料，我尽量在括号内补全了这些作者的全名。我想卢迪内斯库摆出这份藏书清单
可能更多是为了突显拉康的知识广博和阅读庞杂，故限于篇幅，这里不再就这些作
者的信息一一注解。——译者注

关大洋洲和中美洲的平装本或精装本著作；33 册心理学著作和哲学类著作，9 册精神病学会议论文集，45 册荣格与马林诺夫斯基（Malinowski）等人的著作，22 册路易·阿拉贡（Louis Aragon）文集（附带其亲笔签名），其中一些是原版；爱因斯坦、庞加莱（Poincaré）、居里夫人（Curie）；伊夫·博纳富瓦（Yves Bonnefoy）、圣波尔·鲁（Saint-Pol-Roux）、多斯·帕索斯（Dos Passos）、欧内斯特·海明威（Ernest Hemingway）、阿尔伯特·加缪（Albert Camus）、安德烈·法尔格（André Fargues）、安德烈·瓦扬（André Vaillant）、芒迪亚格（Mandiargues）、勒内·克勒韦尔（René Crevel）、马克斯·雅各布（Max Jacob）、全套《摩登时代》（*Temps modernes*）、加斯东·巴什拉（Gaston Bachelard）、保罗·克劳岱尔（Paul Claudel）、路易·阿尔都塞（Louis Althusser）、安德烈·马尔洛（André Malraux）、乔治·杜梅齐尔（Georges Dumézil）、让·博朗（Jean Paulhan）、茨维坦·托多洛夫（Tzvetan Todorov）、保罗·卒姆托（Paul Zumthor）、马克·奥莱松（Marc Oraison）、杰罗姆·佩尼奥（Jérôme Peignot）、马里亚·安东涅塔·马乔基（Maria Antonietta Macciocchi）、莫里斯·雷姆斯（Maurice Rheims）、50 册普鲁斯特作品、阿尔托的《神经的重量》（*Le Pèse-nerfs*）原版、88 册弗洛伊德文集（包括德文版、英文版与法文版）、

143

50 册精神病学著作、34 本关于精神分析的小册子、39 册《国际精神分析期刊》、4 册《核心刊物》[1]、萨特、莫里斯·梅洛－庞蒂（Maurice Merleau-Ponty）、让·瓦尔（Jean Wahl）（共 50 册）、米歇尔·布托尔（Michel Butor）、三岛由纪夫（Mishima）、米歇尔·莱利斯（Michel Leiris）、亨利·米肖（Henri Michaux）、巴塔耶、保罗·艾吕雅（Paul Éluard）、玛格丽特·杜拉斯（Marguerite Duras）、蓬热（Ponge）、布斯凯（Bousquet）、乔伊斯、罗杰·凯鲁瓦（Roger Caillois）、35 册海德格尔和其他德国哲学家的著作（其中 31 册是英译本），另外还有 23 册有关无意识和精神分析的著作。

然而，这份大清单里并未出现拉康的分析者们及其同事们与弟子们的作品，无论是信件、书籍还是证词。那么，这些作品都发生了什么呢？玛格丽特·安齐厄（即"埃梅"）的那些作品又去了哪里呢？

在超过三十年的时间里，无论是否具有知名度，这些弟子、学者、病人和作家都会把他们的著作附带上自己的亲笔签名题词交送到拉康手里——要么是赠给拉康，要么是借给拉康——有时候则是将其转交给拉康的秘书。有的

---

1 《精神分析核心刊物：医学心理学月刊》（*Zentralblatt für Psychoanalyse. Medzinische Monatschrift für Seelenkunde*）。弗洛伊德曾经在 1910 年对其进行过引用，这份期刊在 1912 年便已停刊。《国际精神分析期刊》（*International Journal of Psychoanalysis*，IJP）：欧内斯特·琼斯在 1920 年创办的这本杂志随后变成了国际精神分析协会（IPA）的官方机构。

人甚至会把一些手稿、译稿和内刊乃至各种物件、文件、画作和档案都统统交付到拉康手里，所有东西既没有出现在那份大清单里，也没有出现在任何其他的清单或是子清单里。这些东西可以说是被丢失、被遗失、被忘记乃至被压抑的，然而它们似乎从来都没有抵达它们的目的地，就仿佛"理解的时间"（temps pour comprendre）在"结论的时刻"（moment de conclure）到来的同时就已经过去了：这是一则极富拉康式色彩的寓言[1]。

144

确切地说，尽管所有那些将其自身的某种碎片提供给拉康的人都可以想象他们自己的这些痕迹存在于别的什么地方，例如想象它们被搁置在某个旧仓库、某个置物架、某间地下室或是某间咖啡馆里。然而，就像那些没有出生证明的孩子一样，他们也同样可以想象所有东西都已经不复存在，因为他们想要找回自己昔日痕迹的那些请求从来都没有得到过任何的回应。

无论这些东西在什么地方，它们现在皆已变成了一种"虚空"。而且就此种相当令人焦虑的情况而言，在拉康逝世三十年之后，他的那份"大清单"就变成了唯一能够证明这些藏品、书籍和文件以及那些曾经被道说和被讲述的生命都是真实存在过的档案资料。至于其他东西，要么已经消失不见，要么已经无法找回。

1　参见雅克·拉康，《逻辑时间与预期确定性的断言》（Le temps logique et l'assertion de certitude anticipée），收录于《著作集》，同前引文，第 197-213 页。

在这份"大清单"里，拉康从来都没有提及他的那些主要弟子的名字：没有任何清单来罗列他们的作品、他们的信件或是他们的对话。然而，通过他们的证词，我还是会知道他们曾在 1970—1980 年频繁地给这位大师寄去他们的书籍、他们的文章、他们著作的单行本，还有他们印刷的小册子及无数的信件[1]。

故而，这一切的发生就仿佛是另一份清单的阴影在这份"大清单"的那些词语之下显出了轮廓，即那些已经消失的文本和那些已经离世的人。另外，这份清单——其中的东西都是晦暗不明且四散零落的——便是所有这些"有待领取"或"处在痛苦之中"（en souffrance）的物件的真正图谱，它充斥着那些曾经被拉康剥夺了其隐私的人的想象，然而这些人又都借由拉康的那些就其本身而言是"藏着掖着"的作品来声称自己是大师记忆的某种可能性延续的继承人。

或许在拉康的"收藏仪式"——我们现在仅仅拥有其藏品的那份"大清单"——与我所谓的"极端实验室"（laboratoire de l'extrême）[2]之间存在某种关联性？后者指的是拉康在其生命的最后岁月里所进行的那些治疗性实验。借由一种拆解开来的时间性——那种缩减至"瞬间"的时

---

1 我大概收集了 50 多份集中的证词。
2 参见伊丽莎白·卢迪内斯库，《雅克·拉康》，同前引文。

间性——他的这项实验把每个分析者都抛回了一种"存在性虚无"（néant existentiel）之中。因为拉康当时正在徒劳地寻找针对"精神病"的一种逻辑形式化假设，所以他便把分析会谈转化成一种乔伊斯式的"灵瞬"（épiphanie）来模仿死亡的瞬间。从那时起，他的每个分析者便在分析会谈中被卷入了某种"永恒性意念悬浮"（lévitations perpétuelles）的旋涡，尽管这些主体当时都曾相信自己能够在一刹那间从拉康大师那里继承某种能指性的解释，但他们都只是被捕获进对语词新作的狂热之中。

如此一来，每个分析者主体便都在拉康制作的这些新词的清单之中——这份清单也同样重复了那些已然消失的物件的"大清单"——继续寻找着某种能够让他们与之进行认同的特征。或许，由于有了拉康晚年的此种神秘的语言所承载，他们中的每个人都想像拉康创造出这些新词那样创造出一些学派、杂志、丛书、小册子或是小集团。因而，无数的变体便服务于去无限制地扩大那些"当代拉康式话语"（discours "lacano-cotemporains"）的清单：诸如"牙牙儿语""言在""圣状""文字涂抹地""关于一种差错的无意识"（de l'une-bevue）[1]，另外还有"雅克拉客"

146

---

[1] 这里的"de l'une-bevue"是拉康根据法文中"一种差错"（une bévue）和德文中"无意识"（unbewußt）的谐音而制作的一个文字游戏，故我在这里将其译为"关于一种差错的无意识"。另外，这一措辞也出现在拉康第24期研讨班标题的文字游戏之中：L'insu que sait de l'une-bévue s'aile à mourre ／ L'succès de l'unbewußt, c'est l'amour（无意识的失败就是爱）。——译者注

（jaclaque）[1]、"贫写"（stécriture）、"垃圾出版物"或"爱恨交织"（hainamoration）[2]。因而，这些话语或许都代表着"拉康主义的黄昏"（crépuscule du lacanisme）。

然而，即便我在这里描绘出其轮廓的这份"大清单"无非只是表示"档案缺位"的能指，但它还是同样激起了某种革命的欲望，以至于拉康主义者们都前仆后继地想要继续传递拉康的教学，因为此种传递正是在增补那个缺失的对象。

在当前的事态中，情况也依然如此，就像大师思想的继承者们始终依附于对其文本的某种凝固化的解读，因为其整个历史环节都已然遭到了废除。然而，我们也都知道，让拉康的概念性遗产与临床性遗产保持鲜活的唯一方式，便是不忠实于它。

毫无疑问，这便是我们必须从拉康留给我们的遗产中学到的东西，就像他在评论《失窃的信》时所说的那样要"反过来重新阅读"：没有人会是命运的主人，甚至连永远直抄近道的命运本身也不会是其自身的主人。

147

1　"jaclaque"是拉康就自己的名字而玩味的文字游戏，这里姑且将其音译为"雅克拉客"。——译者注

2　"hainamoration"是拉康在其《研讨班XX：再来一次》中根据法语中的"haine"（憎恨）与"énamoration"（爱恋）而创作的一个新词，我在这里将其译为"爱恨交织"。——译者注

14

安提戈涅

人人都知道"拉布达西德斯家族"（famille des Labda-　
cides）的故事。索福克勒斯曾经在其著名的悲剧三部曲《俄
狄浦斯王》（*Œdipe Roi*）、《俄狄浦斯在科洛诺斯》（*Œdipe
à Colone*）与《安提戈涅》（*Antigone*）中对其进行了改
写[1]。因为阿波罗曾向他预言他会被自己的儿子杀害，所以
为了不让阿波罗的神谕实现，伊俄卡斯特（Jocast）的丈夫
拉伊厄斯（Laïos）便刺穿了他刚刚生下来的儿子（俄狄浦
斯）的脚踵，然后将其送给了一位仆人。然而，这位仆人
并未将俄狄浦斯带去西塞隆山（mont Cithéron）丢掉，而
是把他托付给一位牧羊人，这个牧羊人又将他带给了膝下
无子的科林斯国王（roi de Corinthe）波利比乌斯（Polybe）。
当俄狄浦斯长大成人之后，他相信自己可以逃脱这则神谕，
于是便跑到忒拜（Thèbes）。在路途中，他遇到了自己的
父亲拉伊厄斯——他并不知道这是他的亲生父亲——并且
在争斗中杀死了拉伊厄斯。后来，他在忒拜城解答了斯芬
克斯的谜题，尔后又迎娶了自己的母亲伊俄卡斯特，尽管
俄狄浦斯对她既没有爱情也没有欲望，然而他们还是生育
了四个孩子：两个女儿——安提戈涅与伊斯梅涅（Ismène），

1　《安提戈涅》虽然在时间顺序上是第三部，但它是索福克勒斯创作的首部悲剧（公
元前 442 年）。

还有两个儿子——厄忒俄克勒斯（Étéocle）与波吕尼刻斯（Polynice）。再后来，当瘟疫突然降临这座城邦的时候，他便请来了提瑞西阿斯（Tirésias），想要从这位盲眼的先知那里打探出其命运的真相。一位信使——他先前在科林斯的一位仆人——给他带来了其养父波利比乌斯的死讯，不过他也向俄狄浦斯讲述了自己先前如何从那位牧羊人手里把他接过来的事情。最后，伊俄卡斯特上吊自殒，俄狄浦斯则刺瞎了自己的双眼并决定在自我流放中了却残生，他在安提戈涅的陪伴下来到科洛诺斯，并在那里得到了雅典国王忒修斯（Thésée）的庇护。

于是，他的两个儿子——他们都遭到了自己父亲的诅咒——便开始相互争夺俄狄浦斯的继承权，并且最终开始自相残杀：一者（厄忒俄克勒斯）拥护了他们的舅舅克瑞翁（Créon）——他是伊俄卡斯特的兄弟，也是忒拜的新国王；而另一者（波吕尼刻斯）则在叛乱中死去。由于波吕尼刻斯违反了城邦的法律并僭越了王室的权力，克瑞翁便下令禁止将其安葬。如此一来，安提戈涅便开始向克瑞翁发起反叛，而克瑞翁则同样向她宣判了残酷的死刑：她要像"活死人"一样被关进一间幽闭的地下墓穴。克瑞翁说："正是你的反叛精神让你堕入了地狱。"然而，克瑞翁自己的儿子埃蒙（Hémon）却陪她一起走进了墓室。安提戈涅就像之前的伊俄卡斯特那样自殒而亡，而她的恋人埃蒙也把匕首刺进了自己的胸膛。鉴于克瑞翁对死者进行了侮蔑，他也同样遭到了诸神的诅咒，最终落得国破家亡。因为城邦的法律必须与诸神的法律一致。

对古希腊人而言，俄狄浦斯是一位极其"出格"的悲剧英雄。他因其知识和智慧而相信自己的强大，却又被迫发现自己并非他认为自己所是的那个样子：他只不过是一个扰乱了代际秩序的"污点"，一个"瘸子"，他既是自己母亲的儿子和丈夫，又是自己孩子的父亲和兄长，而且还杀害了自己的亲生父亲。

当弗洛伊德在 1896 年挪用这则故事的时候，他故意改 151 变了这部悲剧的希腊式意涵，从而把俄狄浦斯变成了一个因其在无意识中欲望着自己的母亲以至于想要杀掉自己的父亲而深感罪疚的英雄。如此一来，他便把精神分析与现代资产阶级家庭的命运联系起来：儿子们因渴望与母亲（作为所有情感性依恋的原型式人物）融合而罢黜了父亲。弗洛伊德既不关切俄狄浦斯的自我流放，也不关切安提戈涅的视死如归，更不关切克瑞翁的悲剧结局，而是把俄狄浦斯的命运同笃信基督教的王子哈姆雷特的命运联系起来：前者是无意识的主角，后者则是罪疚意识的化身。因为哈姆雷特最终也并未解除其父亲的鬼魂向他发起的挑战：杀死那位暴君，杀死克劳迪乌斯（Claudius），杀死那个娶了他母亲的篡位者。

如果说弗洛伊德的"天才之举"并不在于他发明了"俄狄浦斯情结"，而在于他把资产阶级的现代性中的每一个主体都变成了一个悲剧式英雄，那么我们便势必会注意到：其学说的那些改革者也都会被迫像他那样重新搬演那些曾支配着精神分析之诞生的英雄式动力。因为精神分析的学说并非一门科学，毋宁说，它是把那些伟大神话中的思想当作背景幕布的一种理性论述，这些神话一直都在根据世界历史的变迁而不断得到重新的解释：精神分析是有关"人类境遇"（condition humaine）的一种"哲学人类学"。

梅兰妮·克莱因曾专注于研究"奥瑞斯忒亚"（Oreste）和"阿特里德斯"（Atrides）[1]，而其他的很多人当时则扑向了"那喀索斯"（Narcisse）。拉康当然也并不例外。如果说他抛弃了"俄狄浦斯王"而首先关注那位逃亡到科洛诺斯的盲眼老人并关注其遭到诅咒的女儿安提戈涅的话，那么这并非一种偶然[2]。

正如 20 世纪下半叶的其他很多法国思想家那样——萨特、德里达、福柯、利奥塔、波伏瓦、德勒兹等人——有人曾说拉康也把"奥斯维辛"的顿挫当作一个基本元素

---

1 关于克莱因对这些古希腊神话人物的分析，请参见我早前翻译的《嫉羡与感恩：梅兰妮·克莱因后期著作选》中的相关章节。——译者注

2 参见雅克·拉康，《欲望、生命与死亡》（Le désir, la vie et la mort），载于《研讨班 II：弗洛伊德理论与精神分析技术中的自我》，同前引文，第 259-274 页；也可参见《研讨班 VII：精神分析的伦理学》，同前引文，第 IV 部分，《悲剧的本质》（L'essence de la tragédie），第 285-315 页。关于哈姆雷特，参见《研讨班 VI：欲望及其解释》，巴黎，瑟伊出版社，2013 年；也可参见伊丽莎白·卢迪内斯库《雅克·拉康》，同前引文。

写入了精神分析的革命。这一视角还另外延伸了拉康有关"西方家庭"的种种思考,而正是在此种视角之下,他才在 1954—1960 年专注于对索福克勒斯的这两部悲剧进行玄妙的解释 [1]。因此,他便把在忒拜的俄狄浦斯王和这位出格的暴君替换成在科洛诺斯的晚年俄狄浦斯,即摆脱了其"君主权力"并去除了其"父权属性"的那位凄惨的老人。

针对犹太人的灭绝恰好向人类表明了,拉布达西德斯家族故事中所特有的毁灭"种族"(genos)的概念如何能够在第二次世界大战之后被写入每个主体的独特性谱系之中。因此,面对这些灾难性事件的艰难时期,精神分析的实践便无法不去参照这一人类针对人类的大屠杀行径。借由阐述其"死亡冲动"的理论,并且选择用遭到诅咒的拉布达西德斯家族来阐明现代主体性的命运,弗洛伊德当然也曾预感到这场灾难。这也是拉康会打破儿子们反叛其父亲的"俄狄浦斯式淳朴"(bonhomie œdipienne)[2]并趁势追加了其"女性增补"(supplément féminin)的概念而选择用安提戈涅这个女人来作为其精神分析革命的标志的原因所在,因为安提戈涅将其自身的"殉难"作为某种"绝对"而承担起来,以至于借由克瑞翁的"怯懦"而把她的刽子手变得比他的受难者还要更具"人性"。

在拉康看来,安提戈涅是"介于两种死亡之间"(entre-

<hr>

1 这在后来得到了皮埃尔·维达尔–纳凯(Pierre Vidal-Naquet)的赞扬。
2 拉康曾不无道理地说:"俄狄浦斯情结更多是索福克勒斯的历史而非悲剧。"

deux-morts）的一段致命性旅程的化身。第一次是当她想要避免让自己的兄弟因无法埋葬而再死一次的时候，她被囚禁到一个岩洞里；第二次则是当她试图上吊自杀的时候，她经历了一场恐怖的考验——安提戈涅的"介于两种死亡之间"就是在这两个时刻之间。由于在尚未死去的时候便从活人的世界里被划了出去，安提戈涅因而便化约成一种"介于两种死亡之间"的存在。在这里，拉康不仅借鉴了从死亡通往地狱的基督教传统，而且借鉴了萨德侯爵的评论，后者曾梦想要实现一场"完美犯罪"——在犯罪之后，不但罪行的全部痕迹都会跟着被抹除，而且尸体的全部痕迹也都会跟着消失不见。因而，这是一种毁尸灭迹的彻底"无化"：一场谋杀之后跟着发生的双重消失，即尸体的消失与犯罪行径的痕迹的消失。

154

拉康的安提戈涅远非像从荷尔德林经由黑格尔再到海德格尔的整个解释传统所声称的那样 [1] 是一场挑战权威的"同类相残式"反叛——"暮光晨曦"或"苦恼意识"——恰恰相反，在拉康看来，安提戈涅承受着从一种死亡导向另一种死亡的重负。他将安提戈涅指派为这样一个灵魂，即她那令人无法承受的光辉是一种致命性遗产的

---

1 有关安提戈涅的所有这些解释，以及这个人物与索福克勒斯的这部戏剧的后续，请读者参见乔治·斯泰纳（Georges Steiner），《安提戈涅》（*Antigone*），巴黎，伽利玛出版社，1986 年。（译按：关于该书的英文版，参见《安提戈涅：西方文学、艺术与思想中的安提戈涅神话》[*Antigones: The Antigone Myth in Western Literature, Art and Thought*]，牛津，牛津大学出版社，1986 年。）

标记，从而将她归于一种母性的谱系（伊俄卡斯特），后者是所有混乱的来源。拉康当时曾说，在安提戈涅身上令人着迷的东西，即在于她承担起种族灭绝冲动（pulsion génocidaire）的本质，因为她把"未来"献祭给"过去"，而且断言一个兄弟在家庭中要比一个孩子或一个丈夫更加不可取代。这便是安提戈涅身上那种超越了恐惧与怜悯的执拗且不屈的"非人性"。

无独有偶，拉康还曾专注于研究一个披着其"处女性差异"（différence virginale）的疯癫少女的形象，她既不是女人也不是母亲，而且拒绝了爱情和生育（她的恋人与她一起自杀殉情了）。对此，拉康说："我们看到了一个作为孩子的安提戈涅——她哀号着，仿佛一只悲伤的鸟儿看到其荒芜的鸟巢那样发出了尖叫。"

与此同时，通过将受难者身上的"非人性"与刽子手身上的"人性"对立起来，拉康还在克瑞翁那里看到了某种值得怜悯且注定要为了管理城邦的"善好"（biens）而犯下错误的"反英雄"（antihéros）。鉴于弗洛伊德希望我们始终把俄狄浦斯式的人物与哈姆雷特式的人物联系起来，故而为了不偏离弗洛伊德主义的传统，拉康便毫不犹豫地将莎士比亚的主人公（哈姆雷特）与他珍爱的安提戈涅进行了比较。他当时曾说，莎翁笔下的这位主人公也同样处在"介于两种死亡之间"的地带。哈姆雷特并非作

155

为罪疚的儿子，而是参与了一出不可能的悲剧，他既扮演了其亡父的"鬼魂"的囚徒，又扮演了向他传递"女性特质之恐怖"的其母亲的囚徒。对哈姆雷特来说，仅仅杀死其叔父克劳迪乌斯是不够的（即第一次死亡），他还想把他送下地狱（即第二次死亡）。因此，他最终无法完成这场必要的谋杀，因为他太过欲望着某种徒劳无益的复仇。

《安提戈涅》是一出有关"种族灭绝"（génocide）的悲剧，而《哈姆雷特》则是一出有关"欲望受阻"（ne pas désir）与"不可能性"（impossibilité）的悲剧。因而，我们便丝毫不会惊讶于这两个人物都周期性地登上了精神分析的"历史舞台"：其一，当战争的灾难席卷世界的时候；其二，作为面对众神缺位的现代人的真理。

这则"寓言"（message）因而便描绘了一幅"末世图景"：幽灵们侵扰着人类的精神，人们苦于某种最大罪行的遗产，后者是由一个女人的"受难"或"殉道"而象征化的，这个女人（安提戈涅）既因其反抗的行动而成为英雄，又因其毫不妥协而遭到毁灭。从这则寓言当中，拉康推断，现代精神分析只能根据某种源自安提戈涅的"非人性"原则来建构其自身的伦理："不要在自己的欲望上让步"（ne pas céder sur son désir）。他当时曾这样说道：精神分析的伦理学，就其本质而言，并非一种服务于"善好"的安排（克瑞翁），而是一种悲剧性的生命经验（安提戈涅）[1]。

　　在构想这则评论的时候，拉康当然也想到了西蒙娜·薇依[2]的命运。这位女性哲学家出身于法国巴黎的一个中产阶级知识分子家庭，她先是抛弃了自己家族的犹太人信仰和犹太人身份，尔后便开始投身于无产阶级事业，最后则又转向了天主教信仰，但从未皈依：她同样也置身于两段历史之间，置身于两种死亡之间。由于参与了戴高乐主义的"抵抗运动"，她在年仅34岁的时候便以一种牺牲性的姿态而殒命。这个非教徒的神秘主义者拒绝进食，她曾预感到纳粹可能会在其白热化时让她经历这样的冲动，由于她的不服从和她所激起的拒绝，薇依便非常奇怪地类似于太过人性也太过非人的安提戈涅。拉康曾对此进行了回顾和修改：她既非天使也非魔鬼，而是通过燃烧自身来把真理昭显给世界的一位真理的摆渡人，就像她的朋友乔治·巴塔耶曾强调的那样。

　　我承认自己从来都不曾非常赞同拉康自称是其代言人的这种精神分析伦理。当然，我也曾觉得他的那些呼吁皆是有其道理的：不要在自己的欲望上让步，不要自封于"美

157

1　我更偏向于这则解释而非斯拉沃热·齐泽克的那则解释，后者曾把安提戈涅对克瑞翁的"说不"变成了一种女性的行动，而正是这一行动的否定性将她导向了其自身的毁灭。安提戈涅的悲剧并非"说不"，而是她不可能"说不"，否则她便会失去其自身的荣耀。换句话说，安提戈涅并不享乐于其自身的毁灭。参见斯拉沃热·齐泽克，《享受你的症状！好莱坞内外的拉康》，纽约，劳特里奇出版社，1992年。
2　西蒙娜·薇依（Simone Weil, 1909—1943），法国哲学家、作家、神秘主义思想家，著有《压迫与自由》《负重与神恩》《源于期待》《被拯救的威尼斯》《柏拉图对话中的神》等。——译者注

丽灵魂”的那些所谓德性或是过度展示的情感，而是要让治疗的经验变成一种直面死亡、焦虑与自身的方式。然而，随着时间的推移，尤其是由于拉康在1968年的"五月事件"之后在其学派中所建立的"通过"程序[1]，这种伦理学便不再与那种"介于两种死亡之间"的悲剧具有任何共同之处，也不再与"抵抗运动"的遗产具有任何共同之处。唉！它采取了如下的介入形式，从而导致了后面连续两代的无数精神分析从业者都不再对主体性的痛苦感兴趣：那些短时的会谈，那些缄默和失语，那些执拗的姿态、共情的缺位，那些让病人遭受的挫折，那些基于所谓能指的荒唐解释，还有语词新作而非临床话语的运用。

简而言之，在持续三十年的时间里，我们目睹了那些无法终结的治疗以俄狄浦斯那遭到诅咒的女儿（安提戈涅）的献祭的名义而发展起来，在这些治疗过程中，那些深谙"不要在自己的欲望上让步"这一宗教的分析家最终都把自己变成了那些激进的反弗洛伊德主义者乐于对其大肆嘲笑的某种真正闹剧的代理人。更糟的是，一些妄自尊大且自视甚高的精神分析家开始相信他们的学说是自足的——只须依靠他们的学说便足以让他们摆脱所有的"政治介入"和所有的"社会选择"。正因如此，对临床工作者在"转

---

1 这里的"通过程序"就在于让一位未来的精神分析从业者在其同辈面前去解释自己成为分析家的欲望。此种程序最终陷入了失败，从而也将巴黎弗洛伊德学派（EFP）带向了解散。参见伊丽莎白·卢迪内斯库，《法国精神分析的历史》，同前引文。

移"中的位置而言是必不可少的"中立性"便促成了某种近乎笑料的"无政治主义"：除了我的实践教给我的东西，我没有任何其他要说的，我要节制任何的表态或站队，我不能公开回应针对弗洛伊德的那些最粗俗的攻击，我不能夹杂自己的任何东西，我不仅蔑视我的那些敌人，而且蔑视我的那些最具战斗性的同事，他们最好还是不要在法西斯主义、种族主义乃至针对同性恋的厌恶上发表自己的意见。在治疗中沉默，亦在城市中沉默！唉，这便是"分析家"这个职业在很多年所公认的"圣经"，何况它还引起了唾弃。

的确，并非只有拉康派们才会把治疗转变成一场无法终结的充满沉默和挫败的冒险。因为那些非拉康派的弗洛伊德主义者尽管保留了固定时长会谈的经典框架，但他们还是犯下了这样一种错误：他们忽视了精神分析——作为主体与无意识的临床并作为反思自我的疗法——必须能够回应那些处在痛苦中的主体的所有情况和所有要求。另外，这也是弗洛伊德曾鼓励分析家们去做的事情：他不只会在那些漫长的会谈中说话和干预，而且但凡有机会，他也会进行那些非常短程的治疗，同时就各种主体表达自己的看法。

159

时至今日，比较可取的恰当做法则是进行一种全新的治疗实践，一种全新的更具开放性的精神分析。也就是说，精神分析家们应当更多地去倾听那些文明中的不满，那些惨痛的苦难，那些性少数者的新型权利，还有那些科学方面的进展。我们的确要"回到弗洛伊德"，当然也要对拉康进行一些"不忠实"的重读！但更要远离一切"正统"，远离一切朝向业已结束的"过去"来进行缅怀的乡愁……

接下来，让我们从拉康对安提戈涅的解释中获取一些灵感，正是借由此种解释，拉康曾把一种有关"种族灭绝"的反思变成了一种精神分析复兴的条件。此举至今仍然是非常有价值的：精神分析唯一可能知道的东西无非是文明在"野蛮"上的进展。

既然拉康用安提戈涅取代了俄狄浦斯来思考精神分析的复兴，那么我们为何又不在重新阅读他的解释时指出：安提戈涅同样也是一场"重大僭越"的女性继承人——作为自己父亲的妹妹和自己母亲的孙女——她把"混乱"和"失序"播种到那些父权制系统的组织之中，就此而言，她也是那种"家庭主义心理学"（psychologie familialiste）的最好解毒剂，正是安提戈涅使"道德秩序"（ordre moral）的支持者们得以去反对那些"父权制度"的全新形式，这些形式要么衍生自"解剖层面"与"精神层面"的脱节，要么衍生自"生理性别"与"社会性别"的错位，要么衍生自"生物性"与"社会性"的拆解。

160　　这还不包括，我们总有一天必须承认这样一个事实——凡是支配着人们构想"家庭"的那些全新的生育形式与亲子关系都必须纳入法律的框架：从"同性恋父母"到使治疗那些遗传性疾病成为可能的"胚胎选择"，再到"代孕"。因而，安提戈涅既是僭越家庭秩序的化身，又是救赎这种僭越的化身[1]。

1 在这一点上，我赞同朱迪斯·巴特勒（Judith Butler）的立场。参见朱迪斯·巴特勒，《安提戈涅：介于生命与死亡之间的亲属关系》（*Antigone: la parenté entre la vie et la mort*），巴黎，EPEL 出版社，2003 年。（译按：关于该书的英文版，参见《安提戈涅的主张：介于生命与死亡之间的亲属关系》[*Antigone's Claim: Kinship Between Life and Death*]，纽约，哥伦比亚大学出版社，2002 年。）

15

康德同萨德

　　尽管拉康从来都不是一个擅长治疗性倒错的伟大临床　　161
工作者——弗洛伊德也好不到哪里去——但他是萨德著作
的一位勤勉的解读者。正是经由乔治·巴塔耶的目光，拉
康才得以认识到萨德著作的价值，在这一背景之下还有福
柯的《疯癫史》（ *Histoire de la folie* ），在福柯的著作中，
萨德侯爵是一个"绝对非理性"的英雄式人物。有很多次，
拉康都曾毫不犹豫地提到当代世界，有的时候，他甚至会
把西方社会的生活方式乃至其老龄化的快感模式及其社群
的组织等同于一个极权主义的噩梦。有一天，他从山里度
假回来大为不满，宣称"冬日运动就是针对富裕的老年人
的一种集中营，这是每个人都知道的事情，鉴于平均寿命
随着时代而增加，老龄化势必会在文明化的发展过程中越
来越多地变成一个问题"[1]。

　　趁此机会，拉康在这天还冲着阿尔伯特·加缪（Albert　　162
Camus）尽情发泄了他的嫉妒，他指责加缪从来都没有
在他的著作中把"集中营"与"窒息死"的问题纳入考
量，就像文学中的很多其他"旅行推销员"（commis
voyageurs）一样。在这么做的时候，拉康似乎忽视了一个

1　雅克·拉康，《研讨班X：焦虑》，同前引文，第173页（1963年2月27日的研讨班）。

事实,那便是加缪恰恰曾在他那部斩获诺贝尔奖的小说——《鼠疫》(*La Peste*)——里提到了这个问题，当然是以隐喻性的方式。借由一场残酷的大流行病的故事——这场流行病侵袭了"奥兰城"(ville d'Oran)，而且"老鼠"在其中扮演了一个主要角色——加缪把不同的人物类型都搬上了舞台，这些人物化身法则、服从、反抗、对现实的被动接受、勇敢与怯懦……加缪的这一主题与拉康所钟情的主题并非毫不相干，或许我们必须从这一方面来寻找此种"暴怒"的深层原因。

然而，就萨德而言，拉康则并非在他的那些相当滑稽的影射里，而往往是在他的散文里来重拾他先前在与安提戈涅的遭遇中所启用的那一高妙的分析思路。

我们都知道，萨德先前曾抵抗过三种不同的政治体制，他曾在夏朗顿疯人院(asile de Charenton)里排演了一出"疯狂"的戏剧来反抗新近建立的精神病学秩序，并在那里结束了自己的一生。在这部戏剧中，萨德当时曾写下了几幕场景并让病人们来表演，他把自己呈现为在他那个时代中最具"道德情操"的剧作家与治疗师，但病人们最终都弃绝了此种道德经验的"善行"。

萨德的理想就在于用彻底的"极恶"来颠覆社会并倾倒"至善"。1947 年，阿多诺与霍克海默曾在两人合著的《启蒙辩证法》中将此种萨德式的理想纳入考量，这部著作把萨德的名字与康德的名字联系起来，从而把《朱莉埃特的故事》（*Histoire de Juliette*）——这个恶贯满盈的女主人公——变成了从"理性"翻转至其对立面的一个辩证性时刻[1]。因而，根据这些作者的说法，在西方思想的历史上，此种"退行的享乐"（jouissance de la régression）已然变形为一种通过"工业资本主义"来毁灭文明的快乐，而文明的进程本身也通向了一种文化的荒芜。由此，他们便推断：对"法则"的此种萨德式翻转宣告了"极权主义时代"的到来[2]。换句话说，在他们看来，萨德终止了那些纵欲狂欢的神圣循环。然而，如果说萨德曾对爱与性进行了某种"降华"（désublimation），那么他也同样暴露出西方思想所压抑的东西，而康德先前也正是把一种伦理强加在这个东西之上。因而，这两种运动便产生出某种辩证性的关联。

1961 年，拉康自己也针对这一问题进行了严肃的反思。当时，汉娜·阿伦特[3]曾到耶路撒冷出席了针对阿道夫·艾希曼[4]的审判，她评论说此人虽然要为超过 500 万犹太人的

164

---

1 马克斯·霍克海默与西奥多·阿多诺，《启蒙辩证法》，同前引文。这篇文章乃出自霍克海默的手笔。

2 无论如何，他们都并未像某种简化版的"圣经"所说的那样断言萨德的著作可能预示着纳粹主义的到来，或者说萨德侯爵可能预期了某种"纳粹党卫军"（SS）。

3 汉娜·阿伦特（Hannah Arendt, 1906—1975），德裔美国哲学家兼政治理论家，海德格尔的学生兼情人，其代表性著作有《极权主义的起源》《艾希曼在耶路撒冷》《反抗"平庸之恶"》《文化危机》《人的境况》《政治生活》《从谎言到暴力》等。——译者注

4 阿道夫·艾希曼（Adolf Eichmann, 1906—1962），德国纳粹军官，也是"二战"期间执行"最终方案"的负责人，特别是他负责组织针对犹太人的大屠杀和集中营。"二战"后逃脱了"纽伦堡审判"并流亡阿根廷，1962 年在耶路撒冷被处以死刑。——译者注

"灭绝"负责，但他并未表现出任何"病理性"的明显迹象。他之所以认为自己是"正常人"，是因为他把自己变成了一种"法则"翻转的代理人，正是这种"法则"的翻转把"罪行"变成了"正常"。阿伦特当时曾强调，因为艾希曼依仗的是康德哲学，所以他并未回避自己的罪行，在他看来，他所接到命令的"可耻性特征"相对于此种命令本身的"强制性特征"来说算不上什么。因此，尽管他变成了一个种族灭绝者，而且也完全意识到他的行为是十恶不赦的，但他并未因此而体验到丝毫的罪疚。因而，他当时便拒绝以个人的名义来接受审判。然而，艾希曼忘记了这样一个事实，正如凯瑟琳·克莱芒相当正确地强调的那样，即根据康德，"普遍法则"（Loi universelle）总是假设我们永远都只会把人看作一种"目的"而非一种"手段"[1]。

不过，此种萨德式的颠覆性理想也瞄准了"疯狂"的地位。尽管萨德曾经想要治愈夏朗顿疯人院里的那些病人，但在《朱莉埃特的故事》里，透过韦斯珀利（Vespoli）这个人物——在萨德的笔下，他是萨莱诺（Salerne）看守所的典狱长——他也在梦想着把非理性和疯癫与堕落成妄想

---

[1] 汉娜·阿伦特强调，他首先是"大榆木疙瘩"，从而也把"愚蠢"（bêtise）的主题纳入了"根本之恶"（mal radical），并将其看作"平庸之恶"（banalité du mal）的来源。参见汉娜·阿伦特，《艾希曼在耶路撒冷》（*Eichmann à Jérusalem*），巴黎，伽利玛出版社，1966年；修订版参见伽利玛出版社，"四开本"（Quarto）丛书，2002年。关于"愚蠢"，参见伊丽莎白·卢迪内斯库，《重返犹太问题》（*Retour sur la question juive*），同前引文，第204页。凯瑟琳·克莱芒，《弗洛伊德、过错与罪疚》（*Freud, la faute, la culpabilité*），载于《文学杂志》（*Le Magazine littéraire*）总第367期，1997年7月／8月刊。

的知识结合起来。实际上，他曾想象出让一个性倒错者来管理疯人院的原则。[1]

那些曾在"帝国"之下为了让萨德闭嘴而把他送进夏朗顿疯人院的人都知道他并未进入疯子的范畴，毋宁说他是那些性倒错者的王子，是非理性的国王。安托万·罗耶-科拉尔[2]在1805年曾这么说道："他的疯狂就在于堕落。社会不可能给他进行治疗，而我们也必须让他去经受那种最严酷的监禁……他会把自己的恐怖学说鼓吹给一些人；他还会把自己的邪恶书籍借阅给另一些人。"[3]

拉康先前曾拥有多种版本的萨德著作，当时这些禁书还未进入自由销售。由于知道他对那些浪荡子的喜好，"藏书圈子"的负责人便提议他给萨德的一部著作撰写一篇序言，这部著作收录了《朱斯蒂娜，或美德的厄运》（*Justine, ou les Malheurs de la vertu*）与《闺房里的哲学》（*La Philosophie dans le boudoir*）。于是，他便给这篇序言起了一个著名的标题：《康德同萨德》（Kant avec Sade）。这篇文章被认为极其晦涩费解，因而并未得到编辑的采纳，

166

1　萨德，《朱莉埃特的故事，或恶行的昌盛》（*Histoire de Juliette, ou les Prosperités du vice*），收录于法文版《萨德全集》第 III 卷，巴黎，伽利玛出版社，"七星诗社丛书"，1998 年，第 1070 页。

2　安托万·罗耶-科拉尔（Antoine Royer-Collard，1768—1825），法国精神科医生，英国皇家医学院院士，也是法国夏朗顿疯人院的主治医师。——译者注

3　我曾在《我们自己的阴暗部分》（*La Part obscure de nous-mêmes*）中题为《萨德反对他自己》（*Sade envers et contre lui-même*）的一章里研究过萨德个案。参见巴黎，阿尔班·米歇尔书店，2007 年。

而拉康则在 1963 年的《批评》杂志里发表了这篇文章 [1]。我之所以选择再一次返回这则文本，是因为它表明了拉康曾以何种方式困扰于"灭绝"的问题——尽管他并非像这样来对其进行命名——乃至它对当今世界所产生的种种结果：什么是人类作为人类来反对人类的罪行？什么是恶的享乐？为什么"刽子手"与"受难者"这对地狱式伴侣会如此呈现于我们的生活方式乃至文学与艺术之中？我们要如何在一种不再渴望英雄主义的世界里来面对死亡？

拉康曾详细考察了纽伦堡法院的档案，并且经由让·德莱 [2]，他还查阅了鲁道夫·赫斯 [3] 的病历，他曾计划就此撰写一篇个案研究。

《康德同萨德》是他有关"安提戈涅"的评论的逻辑性延续。拉康既没有引用阿多诺，也没有引用阿伦特，而是直接用萨德替代了安提戈涅。在他看来，两者皆是不服从城邦法律的主要人物，他们也皆以其自身的毁灭为代价而承担起自己的行动。然而，两者也都联系着萨德故事中

---

[1] 1966 年 10 月，当上面这位编辑重新出版《萨德全集》的时候，《康德同萨德》的文本在拉康修改时曾纳入了后记。

[2] 让·德莱（Jean Delay, 1907—1981），法国作家、精神病学家兼神经科学家，用"氯丙嗪"治疗精神病的奠基式人物，著有《脑电波和心理学》《记忆的消散》《心境障碍》《医学心理学研究》《没有名字的人》《灰色城市》《安德烈·纪德的青年时代》等。——译者注

[3] 鲁道夫·赫斯（Rudolf Hess, 1894—1987），德国政治家，纳粹党副元首，早年曾参与"啤酒馆暴动"，被捕后同希特勒在同一监狱服刑，在狱中完成了希特勒口述的《我的奋斗》，尔后成为希特勒的左膀右臂，在"纽伦堡审判"期间仍宣誓对希特勒忠诚，法国精神病学家让·德莱当时曾对他的精神状态进行过评估，认为他患有"癔症性健忘"。——译者注

167

两姐妹的那一无法终结的传奇，即朱斯蒂娜与朱莉埃特，前者是道德高尚且注定不幸的，而后者则是恶贯满盈且注定幸福的。

在安提戈涅与萨德的旁边，拉康召唤来康德与德国启蒙运动。他重拾了福柯把皮奈尔[1]与萨德对立起来的主题——前者是"道德治疗"与"精神病院"的奠基者，后者则是"非理性的虚无"与"废除自身主权"的倡导者——从而把康德与萨德背靠背地联系起来，或者更确切地说，就像其文章的标题所指明的那样，他"用"萨德来思考康德（Kant avec Sade）：两者从来都是相辅相成的。另外，他还把萨德侯爵的著作变成了变相迎合贯穿于19世纪的"以恶致善"（bonheur dans la mal）主题的起点。正因如此，他把萨德看作有关性倒错的一种全新理论化的创造者，而把他的著作看作"某种颠覆的开创性一步，而康德则是此种颠覆的转折点"。

借由此种解释，萨德意义上的"恶"便被呈现为康德意义上的"善"的等价物。实际上，这两位作者都曾说明了一种让主体服从于"法则"的原理。只不过，如果我们跟随拉康的说法，那么萨德便是通过展示"欲望对象"（小a）的存在而让"大他者"出现在拷问者的形象之中，而

---

1 菲利普·皮奈尔（Philippe Pinel, 1745—1826），法国精神病学家，现代精神病学之父，法国大革命之后废除了对精神病人的监禁和约束，提倡用人性化的方式来管理精神病患者，其"道德治疗"也预示着我们当代的"心理治疗"，著有《精神病学的起源》。——译者注

康德则提出了主体是由法则而得到授权的理论，他让这一对象出现只是为了划出它的范围来对其加以限制。在"萨德式话语"中得到凸显的是"享乐意志"（volonté de la jouissance）或"享乐义务"（obligation de la jouissance），而"欲望"则始终是作为自由的意志性工具受限于法则的强制："你必须享乐。"恰恰相反，在"康德式话语"中则是在"道德法则"里显出了对欲望的扼杀："你必须让自己从病理性中挣脱出来。"

故而，根据拉康对此的解读，康德式道德就其本身而言便源自一种让对象在其中遭到压抑的欲望理论。此种压抑继而得到了萨德式话语的"澄明"。因此，在萨德的"享乐律令"（impératif de la jouissance）与康德的"绝对律令"（impératif catérorique）之间便存在着一种对称性。

当拉康在1964年创建巴黎弗洛伊德学派（EFP）的时候，他曾断言马克思主义与黑格尔主义并不足以思考"大屠杀"。他解释道，因为在这幕现代悲剧里，向"黑暗上帝"（等同于"大他者"）"献祭"的至高形式被放任自流了。另外，他还援引斯宾诺莎，因为斯宾诺莎是唯一能够思考献祭在"智性之爱"（amor intellectualis）中的永恒意义的哲学家。

然而，在把斯宾诺莎置于一个例外性的位置之后，拉康又召唤来精神分析对此种哲学立场的超越，但并未就此否决《康德同萨德》的全部内容。尽管拉康使用了"大屠杀"

（holocauste）一词（即拉康所谓的"献祭"）[1]，但他又拒绝了有关"种族灭绝"问题的任何理论化，无论此种理论化是出于宗教性的灵感还是无神论的灵感：在他看来，"大屠杀"既非对人类的献祭性贬低，也非废除神圣秩序的非理性事件。因此，拉康便将"奥斯维辛"的意义普遍化，从而把这一事件变成了整个人类纪元所特有的悲剧。

拉康曾说，他认为那些后弗洛伊德主义的临床（即神经症与精神病的临床）——无论此种临床是出自克莱因派的启发，还是相反源于"自我心理学"的教化——并不允许人们去思考这一事件在人类历史上的种种后果。换句话说，无论是返回母亲的古老身体，还是利用自主性自我来压制死亡冲动，抑或诉诸那些英雄主义的善行，皆不可能让我们理解此种残忍暴行的现实性与后遗性。实际上，在用安提戈涅替代俄狄浦斯之后，拉康几乎想到了性倒错的欲望从此往后便可能是现代民主世界的"个人主义"所特有的新型社会关系的典范——无论是英雄化的典范还是仇恨化的典范：毁灭他者而非接受冲突。

作为擅长治疗癔症与资产阶级家庭内部冲突的古典临床大师，弗洛伊德在其生命的最后，也曾透过他在《文明中的不满》里所作的分析而依稀瞥见了这个问题。但要把握此种"文明中的不满"的诸多变形，拉康说，弗洛伊德

1　该词在英语世界中用来表示针对犹太人的灭绝。

还必须思考"性倒错主体"的问题——因此还有"性倒错欲望"的问题——而不再故步自封于一种"俄狄浦斯式"心理学的框架。为了支持他的这一立场，拉康不断重新考察西方文学中的那些伟大文本：从索福克勒斯经由莎士比亚、萨德、克劳岱尔、杜拉斯、热内[1]再到乔伊斯。拉康比弗洛伊德更具"思辨性"，他终其一生都是这些伟大文本的认真阅读者，而且也能从这些文学遗产中攫取思想源泉。

因此，我们便不会惊讶于他的《康德同萨德》一文以截然对立的矛盾性方式而受到世界各地那些后现代思想家的屡次评论：其中一些思想家把拉康看作一个痴迷于"刽子手"和"萨德主义"的文明的性倒错者；而另一些思想家则要么将他看作一个基于"父权的平反"来重建全新"家庭秩序"的布道者，要么将他看作一场"跨性别"或"易性恋"革命的主使者，这场革命导致"女人"同时变成了"一者性别"（Un sexe）与"他者性别"（Autre sexe）。最后，还有一些思想家把《康德同萨德》变成了针对"萨德式自由社会"（等同于一种新型"极权主义"）的一种批判性工具：康德化身斯大林，而萨德则化身大西洋彼岸的"力比多主体"（sujet libidinal）[2]。

由于我们最终已经来到这个问题，我想要提醒大家注

---

1 让·热内（Jean Genet，1910—1986），法国作家、诗人兼剧作家，法国文学中的"恶之花"，其作品大多着墨于人性的阴暗面，描写了同性恋、色情和监狱生活等禁忌主题，代表性著作有《阳台》《鲜花圣母》《玫瑰奇迹》等。——译者注
2 这尤其是斯拉沃热·齐泽克的主题。

意，拉康也曾将"僭越"看作文明化中的必然，而允许对其进行补救的"象征秩序"一样也是如此。这也是我自己先前在着手研究性倒错者的历史时所保留的假设[1]。这便是《康德同萨德》一文教给我们的"人性一课"，也是用安提戈涅来取代俄狄浦斯的必然结果。但是，这则文本也同样与拉康本人的形象相符，他既是桀骜不驯的僭越者，又依附于这样一种观念：唯有"法则"才可以给那种旨在享乐于事物与对象、享乐于人类与非人的欲望安置一些界限。

有一天，拉康在谈到自己心爱的宠物时，曾向听众抛出了一句令他们目瞪口呆的话："我养了一条母狗，为了向萨德致敬，我给她（它）取名'朱斯蒂娜'，尽管我并没有对她（它）施加过任何倾向性的虐待，你们要相信这一点。"[2]

1　参见伊丽莎白·卢迪内斯库，《我们自己的阴暗面：性倒错者的历史》，该书已有英文译本。——译者注

2　雅克·拉康，《研讨班Ⅸ：认同》，同前引文，1961年11月29日的研讨班。

16

死亡

　　1978 年秋天，拉康曾在驾驶他的白色奔驰轿车时发生　　173
一起车祸。幸运的是，他在这场事故中并未受伤。然而，
这一事件让他周围的人对他的印象大打折扣。他的疲态愈
发明显，而他的那些沉默也愈发长久。76 岁这年，他的"研
讨班"聚焦于《拓扑学与时间》。在 11 月 12 日的开幕讲座上，
拉康曾在他的听众面前陷入了失语，他的听众也跟他一样
陷入了沉默。每个人当时都注意到这位老人正在被一种巨
大的厌倦折磨，他已失去了先前那种在四分之一个世纪里
让好几代知识分子和精神分析家屏息聆听的声音。

　　当拉康在黑板上画着他的那些扭结和辫带的时候，他
会变得思想混乱，转向他的听众去谈论他的错误，然后离
开讲台。教室里听到有人轻声低语道："没关系，我们依
然爱您。"

　　1979 年 9 月，一位记者撰写过一篇荒谬的文章，他在
文中将拉康比作阿亚图拉·霍梅尼[1]，"人们不会朝着一辆　　174
救护车开枪"，这位记者在结论时曾这样说道[2]。自翌日起，
从法国的各个角落寄来的数百封信便淹没了报社，这些信

---

[1] 阿亚图拉·霍梅尼（Ayatollah Khomeyni, 1902—1989），伊朗伊斯兰共和国最高领袖，
其中"阿亚图拉"是对伊朗等国伊斯兰教什叶派领袖的尊称，有"长老"之意。——
译者注
[2] 参见 1979 年 9 月 21 日的《世界报》（Le Monde）。

件不只是出自拉康身边的人和知识分子们的手笔，而且不乏一些先前显然并未阅读过拉康著作的匿名人士，其中包括：精神科护士、专业教师、社会工作者、大学心理老师和病人。这位记者大概忘记了拉康在当时有多么受欢迎，这不是那个缠弄扭结的拉康，不是那个安提戈涅的拉康，也不是那个《康德同萨德》的拉康，而是那个治疗疯狂的精神科医生的拉康，在半个世纪里，与一些同行一道，他化身"共同之善"与"公共事业"的信徒，而且是"体制心理治疗"与"人道主义精神病学"的典范，后者如今早已溃败不堪。在我的《法国精神分析史》出版之后，我自己也常常意识到，在治疗精神痛苦的所有精神分析实践者的集体记忆之中，拉康的名字一直以来都是那么鲜活。时至今日，他依然是一个鲜活的名字。

自 1978 年 12 月开始，一些人便开始说拉康专注于沉默是为了更好地倾听，说他的神智始终是完好的，而且他的听力也是状况良好的。人们想要忘掉当时正在折磨他的那种可怕的痛苦，但这种痛苦还是会透过他的那些面部痉挛和抽搐表现出来。他不再有更多的声音，也不再有更多的话语。那时，我曾有机会跟他交谈过几句。他的脸庞当时总是会转向一个无限沉默的世界，而且他的目光也总是在逃离性地凝视着远方，就像受到了那一"无法追忆的彼处"（ailleurs immémorial）所吸引。晚年的拉康恐惧着衰老，恐惧着死亡，更恐惧着自己不再有魅力。因为在他的身上

175

曾汇集了唐璜与荣誉骑士的身份。

1981 年 9 月 9 日，拉康以化名的身份在哈特曼诊所（clinique Hartmann）因结肠癌去世，他生前从来都不愿意治疗自己的癌症。尽管他先前曾发愿在意大利的罗马或威尼斯度过自己最后的时光，尽管他也曾希望给自己举办一场天主教的葬礼，但他最终还是在没有任何仪式且只有亲人送别的情况下被埋进了吉特兰库尔墓园（cimetière de Guitrancourt）。

《解放报》——整个法国报界中最具拉康主义的报纸——当时曾向他致以无上的敬意，这份报纸将几个像是拉康所作的"标语"混合在一起而发表了几篇有深度的文章：《拉康完全疯了》（Tout fou Lacan）、《拉康像所有人一样死掉了》（Lacan fait le mort comme tout le monde）、《拉康不复存在》（Lacan n'est plus）、《拉康其人》（Lacan même）[1]。这个拉康曾拥有一大堆的语词、事物、清单、收藏、场地、脱节的对象、意义的翻转、大开的缺口、无法满足的享乐、世界的起源，挑起的憎恨、他人的报复，这样一个"冒充的好汉"，在他去世三十年之后，我自己还是会回忆起他的种种。

雅克·拉康，不顾一切！

1　参见 1981 年 9 月 11 日的《解放报》（Libération）。

译后记：父亲的罪名

　　严格地讲，卢迪内斯库的这部著作显然不能算得上一部"标准化"的传记。相较于她先前的那本经典大部头《拉康传》（下文简称"大传"），这本"小册子"（姑且称之为"小传"）虽然也遵循了一定的时间秩序，但并未由此将拉康波澜壮阔的传奇一生安排进那些更易理解的故事弧线；恰恰相反，她在这里的笔触不但更多凸显出"碎片化"的叙事风格，而且更多地夹带着"妄想化"的个人痕迹。因此，与其说这是卢迪内斯库全新版本的"拉康传记"，不如说它是作者个人版本的"拉康回忆录"。然而，本书又远不只是一部通常意义上的回忆录，因为其写作的素材乃是基于拉康档案的"在场"或"缺位"，而非基于作者本人的"回忆"或"追忆"。或许，就像拉康所谓的"垃圾出版物"一样，卢迪内斯库的这部著作也是无意供人阅读的，至少不是供人当作"传记"来阅读。毕竟，她在本书中援引了一句拉康的格言，从而暗示出她自己针对"传统传记精神"的隐秘性否认："相对于一部著作的意义而言，传记总是次要性的。"那么，作者撰写这部著作的意义何在？难道它只是先前那部"大传"的缩略与重复？继而，又是什么让作者假借拉康的"父之名"而发出了"不顾一切"的呐喊？最后，本书的出版在法国精神分析学界乃至整个拉康派内部又激起了怎样的回响与震荡？在此，借由这篇后记，我想要针对这些在翻译过程中一度困惑我，或许在阅读过程中也将困惑读者的问题给出一些尝试性的回答，进而再针对本书所产生的一系列跌宕起伏的"事后效果"展开一些分析性的评论。

我们不得不承认，尽管卢迪内斯库否认了传统传记之于拉康的价值，不过在她这里还存在着一个不可否认的元素，那就是她自己作为法国精神分析思想史家的"独特性"地位。身为学者，卢迪内斯库的特殊性便在于她的母亲珍妮·奥布里（Jenny Aubry，1903—1987）曾是与拉康同时代的一位精神分析家（其母早期曾接受过拉康的督导，并且在1953年法国精神分析界围绕"拉康问题"的第一次"大分裂"中扮演了一个关键性角色），因而卢迪内斯库自幼便成长于拉康的精神分析王国，她经常能够与拉康本人进行一些私下的"内密性"接触，后来又受到拉康的邀请加入了他的"巴黎弗洛伊德学派"；至于在精神分析圈子的外部，她与一众法国思想大师（尤其是阿尔都塞与德里达等人）还始终保持着一些跨界的"外密性"交流。这些个人背景与智识资源不仅使她能够以"内部知情人士"的身份巧妙地穿行于拉康思想生活的内外，而且无形之中也给她成为"拉康传记作者"的身份打下了坚实的基础，尽管她在这里的写作由于摒弃了传统传记所谓的"历史客观性"而显得不那么像是一部传记。

当然，就笼罩于卢迪内斯库著述中的传统传记精神而言，还存在着一个额外的限制性元素，那就是精神分析本身。鉴于拉康的个人档案所遭遇的种种"失窃"或"劫持"，乃至他的私人生活所诱发的种种"八卦"与"流言"，想要以传记的形式来呈现拉康的思想生活本来就是一项极其困难且高度复杂的技术性工作，尽管卢迪内斯库无疑也相当出色地完成了这项近乎不可能的任务，但精神分析还是不可避免地在她的传记式书写中引入了某种"断裂"。因为精神分析并不会把主体的"言在"看作某种能够在传记模式下呈现出意义的东西，它首先关注的是无意识，像语言那样结构的无意识，而主体则只不过是此种无意识的效果。套用拉康的话说，这个无意识既是我们"存在"的动力，又是一种"非存在"的坚持，即某种"非人"且"怪怖"的东西。此外，精神分析的目标通常也并非在于促进个体与其自身的"整合"或是对其自身的"理解"，就像某些心理治疗所鼓吹的那样，即便精神分析在主流话语中早已赢得了"谈话治疗"的称号，但治疗并非它的主要目标，因为精神分析的真正目标乃是让主体道出其自身无意识欲望的"真理"，从而以符合欲望真理的"行动"来介入实在界的不可能，只有当主体通过"穿越基本幻想"而瓦解了对其自身的"想象性误认"之时，这种无意识的真理才会以"并非全部"的方式从实在界中开显出来。就此而言，卢迪内斯库的这部著作便明显脱离了那种旨在以"想象性理解"来把握拉康生活的逻辑连贯的历史性叙事，反倒更像是她自己针对拉康思想的一种兼具回忆性和启发性的无意识渲染，或者更确切地说，它是卢迪内斯库以扭结拉康的悖论来切分有关拉康之真理的分析性行动，是以面向实在界的激情来呈现"另一个拉康"的创伤化书写，更是朝向激进女性主义立场而迈进的"再来一次"。

众所周知，拉康自己就是一个反对偶像崇拜的"偶像式化身"，不管其本人愿意与否，他的形象早已被塑造成20世纪无法磨灭的一座"思想性神话"的丰碑。这一点在精神分析的领域内尤甚，因为无论在理论上还是在临床上，精神分析家们皆会不可避免地寻求某种认同性坐标的理想化参照来支撑其自身的实践，这就意味着：一旦我们把自身认同为一个"拉康派"，抑或认同为一个"反拉康派"，我们都会不可避免地受制于"拉康派意识形态"这个大他者的无意识牵引，乃至"拉康派精神分析"这个主人能指的无意识宰制。因此，在拉康派精神分析共同体的内部，卢迪内斯库针对拉康的"去理想化"和"扒皮式爆料"便向来都是不受欢迎的，尤其是不受"正统"拉康派组织的欢迎。这便是为什么她会在本书中开宗明义地指出，她想要就自己作品遭受评论的方式进行某种"清算"。从这个意义上说，就像"不顾一切"这个选自《精神分析伦理学》研讨班的副书名所暗示的那样，本书既是作者"不在自己欲望上让步"的一种激进化姿态，也是带有"安提戈涅式光辉"的一种自杀式行动，因为其本身就构成了某种具有解释性效力的"真理性事件"，而其"事后"所引发的爆炸性效果则更可谓是"一石激起千层浪"。

本书的出版恰逢 2011 年 9 月拉康逝世 30 周年之际，与其同时问世的还有拉康的女婿雅克 - 阿兰·米勒的《拉康的生活》（*La vie de Lacan*），因而在两位作者之间便构成了一种剑拔弩张的镜像化张力。因为从某种意义上说，他们两人皆将拉康视作自己在精神上的"父亲"，同时也都肩负着评估拉康精神分析之独特遗产的使命，何况他们还都是在世界范围内公认的拉康研究领域的学术权威，另外在法国拉康派的圈子里，也很少有人能够像他们这般如此广泛地被思想界接受，或者也可以说是如此彻底地遭圈外人诋毁。就内容而言，他们的这两本"拉康回忆录"都聚焦于法国精神分析鼎盛时期的辉煌，乃至拉康本人呈现出的种种悖论，而且他们也都说明了拉康何以从根本上变革了法国思想文化的整个形态，以至于自 1960 年代以来的每一位欧陆思想家都被迫要顾及精神分析的文化影响力，也都难免要跟拉康来上一番思想性交战。可是，我们也不得不说，米勒更像是拉康的"抄经人"，他代表的是拉康派精神分析的象征性传统；而卢迪内斯库则更像是拉康的"守门人"，她宣称自己的这部著作是从"未经存放的档案"内部来言说的，从而给我们呈现了一个从象征秩序中遭到排除的"实在界拉康"：这是"一个游走边缘的拉康、一个置身临界的拉康、一个不修边幅的拉康、一个因其'语词新作'的痴狂而心荡神驰的拉康"。

事实上，早在 1993 年出版的"大传"里，卢迪内斯库就曾指出米勒把持拉康研讨班的版权所带来的种种问题，而以米勒为首的正统拉康派阵营自然也毫不客气地向卢迪内斯库发起了反击，因为毕竟没有任何人能够否认米勒在编辑"拉康研讨班"的文本与阐释"拉康派方向"的教学上所做出的杰出贡献，更何况他还是拉康思想遗产的"合法继承人"。然而，围绕拉康逝世 30 周年的此番事件还是将两人之间早就存在的矛盾推向了极端白热化的境地，以至于竟有米勒派攻击卢迪内斯库是在"剽窃她自己"，甚至更是引发了精神分析历史上绝无仅有的一场"无头公案"。与精神分析世界中以往那些司空见惯的"勾心斗角"和"唇枪舌剑"不同，这场思想纠纷并未通过学术领域内的公开辩论来解决，而是直接诉诸"对簿公堂"的法律审判。事件的导火索便是卢迪内斯库在本书最后一章里论及"拉康之死"的一句话："尽管他也曾希望给自己举办一场天主教的葬礼，但他最终还是在没有任何仪式且只有亲人送别的情况下被埋进了吉特兰库尔墓园。"拉康的女儿朱迪斯·米勒并未直接阅读过卢迪内斯库的著作，她只是甫一听闻这则消息便顿觉自己遭到了"诽谤"，因为作为拉康晚年的"拐杖"，她丝毫不知从青少年时期便脱离家族天主教信仰的父亲竟有这样的"遗愿"。于是，她连同自己的丈夫米勒把卢迪内斯库告上了法庭，连带被告的还有瑟伊出版社的负责人奥利维耶·贝图尔内（Olivier Bétourné），此次事件也直接导致米勒把拉康研讨班的版权带离了自1966年起就是拉康御用出版商的瑟伊出版社。

诚然，这一事件的发酵也有其背景。在2011年9月，米勒就已经发觉自己遭到了"知识社团主义"的边缘化，他指责瑟伊出版社的贝图尔内在拉康逝世30周年之际故意将他排除在宣传活动之外。当时，巴黎高师举办了一场纪念拉康的学术盛会，由法国著名的学者也是拉康曾经的弟子凯瑟琳·克莱芒主持，活动邀请了一批公众知识分子在拉康曾经开设研讨班的"杜桑大厅"内诵读其研讨班的选段：阿兰·巴迪欧朗诵了拉康在《弗洛伊德的事物或回到弗洛伊德的意义》中模仿"真理"言说的著名辞段，卢迪内斯库与其伴侣贝图尔内则朗诵了《精神分析伦理学》中涉及安提戈涅的相关章节，参与活动的还有让－克劳德·米尔纳（Jean-Claude Milner）与弗朗索瓦·勒尼奥（François Regnault）等曾经参加过拉康研讨班的学界大佬，自然也少不了一大批拉康派的分析家们。现场的所有人都在屏息关注米勒是否会加入这些"拉康模仿者"的行列，待到午夜的钟声响起，以马拉美的"伊纪杜尔"的方式，米勒终于戏剧性地登场，在听众的一片哗然之下，他走上讲台，高举拳头说道："今天有两个拉康，两个怒目相视的拉康，一个是死去的拉康，你们正在研究他的遗产，还有一个是活着的拉康，捣乱的拉康，我把自己的一部分生命献给了他。倘若有人妄图从图书、报纸和杂志上抹掉我的名字……那么从今日起，我将捍卫我自己的名字。"接着，他便高声宣读了拉康 1969 年 3 月的研讨班《从一个大他者到小他者》中的一段极富政治意义的讲话："我们从未在罗马见过这种事情！在那些地方，这是极其严肃的事情！我们从未见过某位执政官或护民官递交辞呈！严格地讲，这是无法想象的。它仅仅意味着权力在别处。"这期研讨班本身也影射了拉康学派内部在 1969 年围绕"通过"制度的内裂。

到了 2011 年 11 月，法国高等法院便正式受理了米勒家族针对卢迪内斯库与贝图尔内的指控。在法庭上，当时已是古稀之年的朱迪斯被自己的儿子和丈夫搀扶着，她的脸上丝毫没有流露出任何表情，但内心深受着痛苦的折磨；米勒则被他的一群追随者簇拥着，嘴角上还挂着一抹轻蔑的微笑。据报道称，控方律师克里斯蒂安·夏里埃尔－布尔纳泽尔（Christian Charrière-Bournazel）明显没有做太多准备，他在席间双手插兜，像其委托人一样摆出了一种正义凛然和志在必得的姿态，他先是攻击卢迪内斯库是一名"冒名顶替者"，讽刺说她的整个职业生涯都在痴迷于一位"生前不曾对她有过丝毫感情"的作者，可她不是也永远不可能是"拉康家族中的一员"，随后他又向法庭指证了卢迪内斯库与贝图尔内的"姘头"关系。最后，他在其总结陈词中引经据典地说道："违背死者的意志是一项严重的刑事犯罪，而错误地指责他人犯下此等罪行便是诽谤，是针对他人名誉的攻击。"

相比之下，辩方律师乔治·基耶曼（Georges Kiejman）的总结陈词则显得相当冗长且博学，这位著名的大律师一口气罗列出百余项证据清单，其中包括其委托人学术出版物的详细目录，他先是声称米勒嫉妒卢迪内斯库的国际声誉和学术影响，讽刺其《拉康的生活》只是仓促写就的一篇只有 24 页的小作文，完全无法与卢迪内斯库的著作相媲美，接着他又掉转矛头向朱迪斯发起了一场"野蛮"甚至"凶残"的分析："非婚生子，你被认为是私生女，直到 13 岁才被冠以你父亲的姓名！你的一生都带着这个伤口活着！当你的父亲去世之时，你便组织了一场仓促的葬礼，没有通知任何人。从那时起，你便认定这个父亲是你的专属。"至于朱迪斯则始终保持坚忍，她的目光直视前方，除了扬起眉毛之外没有做出丝毫反应，而当法官提请她发言的时候，她只是冷冷地说了一句："言论自由并不授权什么都可以说。"好在卢迪内斯库也什么都没有说，因为她深知自己虽然在学术上有权"渎神"，但是在法律上无权"诽谤"，也可能是因为她清楚自己已然在原告方的想象中处于"迫害者"的位置，以至于她的任何言论都只会加剧如此的想象……

不过，除了控辩双方持续近三个小时的激烈较量之外，在法庭上还是出现了两幕极端戏剧化的场景：第一幕场景是当卢迪内斯库的辩护律师基耶曼误将自己的委托人称呼为"拉康女士"的时候，这个弗洛伊德式的"口误"瞬间便引来了哄堂大笑，同时也引爆了米勒及其追随者的强烈愤懑，以至于法官不得不敲着象征"阳具"的小锤子大喊"肃静"；第二幕场景则涉及拉康遭人遗忘的另一个女儿西比尔·拉康，她是拉康第一段婚姻中最小的女儿，也是朱迪斯同父异母的姐姐。她当时就坐在第三排，如同一个闯入者那样，一提到拉康的葬礼便抽泣不止。据说朱迪斯与她之间没有任何眼神上的接触，当基耶曼向法庭陈述西比尔要比朱迪斯年长"三个月"的时候，她突然起身叫道"是八个月"，而正当她忍不住向法官亮明身份并想要发言的时候，却因没有作为证人被传唤而遭到禁止。后来，她回忆说这场审判的核心问题遭到了压抑，正如她自己曾在书里写道的那样："我父亲的葬礼是一场双重的灾难。朱迪斯利用了我的迟钝，她独自一人就私下决定了这场葬礼。这场'葬礼绑架'是事后才在媒体上被报道出来的，而我也不得不忍受由雅克－阿兰·米勒所创建的弗洛伊德事业学派的压力。针对我们父亲拉康的死后挪用就这样开始了。"尽管西比尔的发言在法庭上遭到了禁止，但她的眼泪清楚地表明，就像卢迪内斯库所冷静地指出的那样，传记作者与历史学家总是会面对一个家族的悲剧，乃至一个宗族朝向另一宗族的仇恨。

最后，法院在一审判决中以"卢迪内斯库女士在其措辞上缺乏严谨性"为由而裁定原告方胜诉，并责令被告方向米勒家族支付 1 欧元的精神损失费——是的，你们没有看错，就是 1 欧元，多么具有象征性的胜利！但是，这场官司非但并未就此打住，反而还出现了接二连三的戏剧性转折：先是卢迪内斯库与贝图尔内提起了上诉，二审判决在 2014 年 9 月推翻了一审的结论，判定卢迪内斯库的言论并非针对朱迪斯·米勒的诽谤；继而，米勒家族又再度提起了上诉，但 2016 年 2 月的三审判决维持了二审的结论，再次确认卢迪内斯库的言论并未"损害米勒夫人的名誉"。

一波三折，这场旷日持久的"拉康派内战"终于画上了句号，该案目前已成为法国"新闻法"和"记忆法"的教科书式案例。然而，我们在此必须指出，卢迪内斯库书中涉嫌"诽谤"的那句话使用的是法语语法上的"虚拟式未完成过去时"（imparfait du subjonctif），可就是这样一个表示愿望的"虚拟语气"，竟然战胜了"主体性的不完美"（imparfait du subjectif），从而引出了拉康家族的"真相"与他自己身为父亲的"罪名"。伴随这场官司，西比尔·拉康在 2013 年 11 月 8 日因严重的忧郁症而自杀身亡，至于朱迪斯·米勒也在 2017 年 12 月 6 日因病逝世。

常言道"清官难断家务事"，拉康的"家务事"也不例外。鉴于"家庭场景"向来都是精神分析的核心关注，就像卢迪内斯库在本书第 5 章所指出的那样，或许我们在这里也可以针对这场"拉康式审判"提供一种超出法律框架之外的精神分析式解读。实际上，就拉康的传记而言，但凡诉诸拉康这位"父的名义"并且遭遇父亲这个"空洞的中心"，任何作者都会不可避免地被捕获进"法律"的象征性维度。但是，严格地讲，这场审判中的四位诉讼当事人远非只是法律上的实体，他们更是循环在拉康"话语公式"中的四个元素：米勒作为拉康的"合法执行人"处于"主人能指"（S_1）的位置；瑟伊出版社的负责人贝图尔内代表拉康的"御用出版社"处于"知识能指"（S_2）的位置；朱迪斯以"拉康女儿"的身份处于"画杠主体"（$）的位置；卢迪内斯库则以"传记作者"的身份处于"剩余享乐"（a）的位置。由此而言，当这四个元素在"话语结构"中分别占据了具有主导性的"动因"位置的时候，这四位当事人便相应地搬演了拉康的"四大话语"：由米勒所体现的"主人话语"，由贝图尔内所代表的"大学话语"，由朱迪斯所化身的"癔症话语"，以及由卢迪内斯库所发起的"分析家话语"。

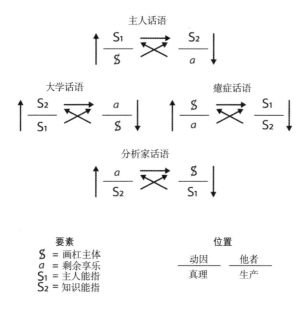

尽管拉康的"四大话语"允许我们在法律的范围之外，就这场审判提供一种可能性的解读，但在更深的层面上，这场围绕"拉康之死"的无头公案则更是牵出了"三大激情"

的主题。如果说"三个女人一台戏"，那么我们也可以根据拉康所谓的三种"激情妄想"来理解在法庭上由他的传记作者与他的两个女儿之间所构成的戏剧性张力。实际上，只有当我们在弗洛伊德关于《三个匣子的主题》的分析脉络上来阐释这三种激情之时，此种戏剧性的冲突才会呈现出其悲剧性的意义。在这篇文章中，弗洛伊德考察了一个男人在三个女人之间做出选择的各种文学性主题和神话性变体，他还尤其指出了其中"沉默"的女人如何代表着"死亡"的意义。这第三个女人，就像李尔王的小女儿"考狄利娅"那样，尽管并未分享其父亲的王国，但是父亲对她的否定和忽视最终招致了其王国的毁灭乃至其自身名义和遗产的消失。从这个意义上说，拉康也像莎翁笔下的李尔王那样面临着在他的三个女儿之间做出选择的问题：他把自己王国中的"物质宝藏"即其研讨班的版权留给了他最疼爱的"独女"朱迪斯和他的乘龙快婿；与他没有血缘关系的"养女"洛伦斯·巴塔耶（Laurence Bataille）则继承了他的"精神衣钵"，成了一名杰出的精神分析家；至于被他遗忘的"弃女"西比尔则明显承载了他在其个人分析和婚姻生活中无法处理的"症状残余"。不过，与李尔王不同的是，拉康的三个女儿都是在他逝世之后才为"父亲的名义"献上各自的颂词。根据卢迪内斯库的说法，拉康的女儿们在其理论建构的背景上都具有着极其重要性的影响，例如其"父名"概念的提出便与朱迪斯无法被冠以他自己的姓氏直接相关。事实上，他的这三个女儿都曾分别发表过一部私人版本的"拉康传记"：朱迪斯·米勒在1990年出版的《拉康相册：我的父亲的面庞》（*Album Jacques Lacan: Visages de mon père*，下文简称《相册》），西比尔·拉康在1993年出版的《一个父亲：拼图》（*Un père: puzzle*，下文简称《拼图》），以及洛伦斯·巴塔耶在1987年出版的《梦脐：论精神分析的实践》（*L'Ombilic du rêve: D'une pratique de la psychanalyse*，下文简称《梦脐》）。就其本质而言，这三本传记皆以"非全"的方式构成了有关拉康的真理之"半说"，而它们恰好也在话语的层面上对应着拉康所谓的三种"存在性激情"（爱、恨与无知），至于第四项则是"死亡的父亲"（拉康自己）。

对拉康而言，话语恰好建立在这三种"根本性激情"的基础之上，其中的每一种"激情"都只是扭结了拉康三界中的两个辖域，这就意味着第三个辖域总是以"缺位"来标记的。我在这里之所以会把拉康的"三大激情"与偏执狂的"妄想"关联起来，是因为它们都是针对某个缺位性秩序的存在性填补，而且就本书所涉的"历史"问题而言，就像弗洛伊德在标志着其晚年思想转折的《分析中的建构》一文中所指出的那样，不但主体无法回忆的被压抑之物需要以"妄想"来建构，而且所谓的"历史真相"也只能是一种妄想性建构，正是这一点致使拉康说出"真理具有虚构的结构"。事实上，早在拉康的第一期研讨班《论弗洛伊德的技术性著作》当中，他就已然阐明了这三种"激情"如何与三种"虚无"的形象相联系：

　　根据我们对其设想的方式，这个现实中的洞就是所谓的存在或虚无。这个存在和这个虚无在本质上皆联系着言语的现象。正是在这个存在的维度之中，象征界、想象界与实在界的三分才得以定位，如果没有这些基本的范畴，我们便无法从我们的经验中区分出任何东西。

　　但就虚无而言则并非如此，毫无疑问，存在着三种虚无。这里必定存在着一种最小的法则，几何学在这里只是化身了此种法则，也就是说，实际上，如果在这个现实的层面上，你们拆除了在第三个维度上被引入的某个环节，那么你们便永远只能使用至少两个环节来建构某种稳固性的东西。

　　这样的一个图式能够让你们意识到如下的东西——只有在存在的层面上，而非在现实的层面上，这三种根本性激情才得以被写入：在象征界与想象界的交界处是爱，在想象界与实在界的交界处是恨，在实在界与象征界的交界处是无知。（S1, 271）

换言之，如果"存在是一"，那么"虚无有三"。在这段话中，拉康明显是在援引巴门尼德在哲学史上就"存在"与"非存在"所作出的著名区分，不过他在这里又从"非存在"中给三种"存在性激情"指派了三种"虚无的形象"，这里的"虚无"指的便是"缺位的界域"。后来，在其著名的《治疗的方向及其力量的原则》一文中，他在阐述"欲望辩证法"的时候又再度将这三种"虚无的形象"与"存在的缺失"（manque à être）相联系，从而也在"要求"的层面上重新定位了他的三大激情：

> 欲望产生于超越要求之外的地方，因为通过将主体的生活链接于它的种种条件，要求便从主体的生活中删除了需要，但是欲望也在要求之中挖出了空洞，因为对于在场和缺位的无条件的要求在三种虚无的形象之下唤起了存在的缺失，而这三种虚无的形象就构成了爱的要求、否认〔小〕他者存在的恨的要求，以及在其寻求中无法言说的无知的要求的基础……欲望作为绝对的条件而得到了肯定。（E，629）

由此，按照拉康晚年的"博罗米结"的拓扑学模型，我们便可以将"贪爱妄想"定位于象征界与想象界的交界（写作 S/I），将"嗔恨妄想"定位于想象界与实在界的交界（写作 I/R），而将"无知妄想"定位于实在界与象征界的交界（写作 R/S）。借由这三种妄想性的激情，我们便可以说，拉康三个女儿的"传记"皆以不同的面相呈现出相对于"死亡的父亲"而存在的三种"虚无的形象"，其中朱迪斯的《相册》是以"贪爱妄想"对"实在界缺位"的礼赞（-R），西比尔的《拼图》是以"嗔恨妄想"对"象征界缺位"的报复（-S），洛伦斯的《梦脐》则是以"无知妄想"对"想象界缺位"的觉悟（-I）。

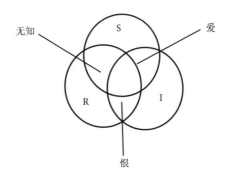

限于篇幅，我很难在这里仅凭三言两语就简明扼要地阐明：我们如何从这三部"私人传记"的内容上，推导出拉康的三个女儿相对于"父名的空洞"所占据的妄想性位置，因为朱迪斯的《相册》与西比尔的《拼图》在描绘拉康形象上所呈现出的"爱恨交织"（hainamoration）也把这个问题变得更加复杂。或许，等到本书在国内正式出版之后，我也可以另找机会来专门探讨拉康父女之间无法辩证的这一部分内容。就目前而言，我仅仅想要指出，洛伦斯的《梦脐》作为一部隐含着"自我分析"的精神分析技术性著作，无疑清晰地阐明了"无知的激情"何以定位了分析家的位置。实际上，这种妄想性的激情也同样定义了卢迪内斯库在拉康家族的悲剧中所处的位置。无论在"大传"还是在"小传"中，卢迪内斯库都将拉康的形象描绘成了一个极具悖论性的悲剧式英雄。从某种意义上说，她越是书写拉康，拉康在她的笔下就会变得越发难以书写，越发难以捉摸，也会越发被包裹上一层又一层神秘性的"光晕"。就本书而言，卢迪内斯库甚至还拟出了一份"虚构性"和"幻想性"的拉康档案，她将其称为拉康的"伟大清单"，其中囊括的都是一些再也无法寻觅其踪迹的"丧失的原物"，因为拉康遗产中最具价值性的部分已被他的子女们瓜分一空，至于他的大部分藏书和藏品则都已下落不明，尤其是被人从拍卖场上抢回来当礼物送人又遭人嫌弃而被丢到天台上消失不见的拉康的躺椅！就此而言，卢迪内斯库的这本"小传"在某种程度上很类似于洛伦斯的《梦脐》，因为它也指向了那个不可化约的深渊般的"脐点"，换句话说，她们两人的"传记"皆是从分析家的位置（*a*）来书写的。在洛伦斯的书里，她把自己的"梦脐"联系于其父乔治·巴塔耶的模糊性形象与其母西尔维娅·巴塔耶的压迫性形象，当然更重要的还有拉康在其生活中所扮演的象征性角色。巴塔耶在洛伦斯幼年的时候便抛弃了她，父亲的位置在当时对他来说显然是一个精神病的触发性因素，于是他便把自己的妻女连同自己在里尔大街 3 号的公寓一并转手奉送给了拉康这个"好朋友"。对此，洛伦斯在她的书里回忆道："我的父亲在我四岁的时候便离开了家。我偶尔也会见到他，但我对他没有丝毫的感情。即便他在一年前的去世也让我无动于衷。"这里的"无动于衷"恰好"镜映"出其"实在性父亲"巴塔耶对待自己家庭的态度，而通过在其"象征性父亲"拉康的影响下成为一名精神分析家，洛伦斯也让自己处在了这种"无动于衷"的位置上，因为分析家必须是一面"空白的镜子"，这个空洞的位置或许也是她自己以拉康式的颠倒来返回其父亲信息的方式，而这个想象性的"空洞"也使她陷入了一场至死方休的"无尽分析"。另外，值得一提的是，洛伦斯在1960 年的阿尔及利亚独立战争期间曾因反殖民主义的激进政治立场而被关进了监狱；同年，拉康便在其《精神分析伦理学》的研讨班上讲到了安提戈涅的"不顾一切"的悲剧，这期著名的研讨班其实也是拉康献给自己养女的颂歌。在本书中，卢迪内斯库也特别凸显了两个形象：一个是库尔贝的画作《世界的起源》，另一个是"安提戈涅的光辉"。这两个形象都直接切中了从实在界中奔涌而出的激情。从这个意义上说，与其他那些企图把拉康摆在"大他者"的位置上来充当"真理的担保"的拉康派论著不同，卢迪内斯库在这里反而是把"拉康的真理"制作成了那个"大他者中缺失的能指"，写作 S（X），即"不存在大他者的大他者"。因此，在我来看，她的这本"小传"也是在以"无知妄想"来拥抱"父名空洞"的圣状化增补。如果从拉康的"三大激情"及其隐含的妄想性维度来看待前述那场"审判"，那么我们也可以说，这场"战争"中的四个男人（即米勒、贝图尔内与双方的律师）皆只不过是代理性的配角，而其真正的四位主角则是三个女儿的命运与一位"父亲的罪名"。

　　本书的翻译是我在西安新冠疫情的魔幻时期完成的，因而令我印象尤其深刻的便是拉康在卢迪内斯库笔下的那股面向实在界的激情。在"封城隔离"期间，除了操心日常生活的继续和关注疫情发展的动态外，我还特别查阅了一些有关"新冠病毒"的拉康派言论，不得不说这场"瘟疫"既是我们当代社会"文明中的不满"，也是资本主义症状在实在界中的返回，即便对精神分析的"神话性瘟疫"而言也是一场前所未有的现实性挑战。除此之外，在本书的翻译过程中，我也深深地感慨于卢迪内斯库所谓的"抑郁社会"，并且深深地哀叹于精神分析在我们的时代已不再拥有如拉康这般的"小丑式英雄"。我们必须承认，随着父性的衰落，神经症的"俄狄浦斯时代"早已落下帷幕，作为精神分析家，我们如今更多面对的是精神病的"安提戈涅时代"，诸如"自恋犬儒化""推向同质化"与"精神分裂化"等文明化的症状都是这个"时代精神"的特征，而这就意味着我们必须在"回到拉康"的同时，也要"超越拉康"来重新反思精神分析的历史并再度发明精神分析的实践，或许就像卢迪内斯库所言，毕竟"拉康已死"，唯一能够让其遗产保持鲜活的方式便是不忠实于他，而这势必也将要求我们付出"不顾一切"的伦理性代价！

在本文结尾，我想要首先感谢我的前辈吴琼教授与我的好友王晨阳博士在百忙之中接受我的邀请为本书撰写推荐序言：吴琼老师的那部鸿篇巨著《雅克·拉康：阅读你的症状》也是在 2011 年出版的，他在该书上卷里大量参考了卢迪内斯库的《法国精神分析史：百年大战》，从而为我们了解拉康思想的制度性背景和政治性意涵提供了绝佳的坐标；而王晨阳则是 2020 年出版的中文版《拉康传》的译者，他的《时间之间的主体性：拉康著作中的时间概念探究》一书在国际拉康研究领域中享有盛誉。可以说，他们两人在国内学界对于卢迪内斯库的著作都是最有发言权的，相信他们的精彩序言和深刻见解也一定会为本书的内容增色不少。此外，我还翻译了意大利著名精神分析家兼哲学家塞尔吉奥·本韦努托的一篇书评以飨读者，他早年曾在巴黎参加过拉康的研讨班，目前也是《欧洲精神分析期刊》的主编，经常从精神分析的立场与阿甘本和南希等当代哲学家展开思想性对话，希望他的这篇评论也可以

为读者提供一个兼具分析性和哲学性的参照。当然，我还
要特别感谢拜德雅图书工作室的两位编辑邹荣和任绪军对
我的信任和宽容，没有他们引进这部著作的胆识和努力，
本书也不会与国内读者见面；本书的出版也有赖于上海社
会科学院出版社的支持及其编辑熊艳的辛勤审读，在此一
并致谢。最后，我还想要再就本书的翻译谈上几句，尽管
我先前也曾出版过几本译作，但本书是我尝试直接从法语
来完整翻译的第一部著作，对我个人而言无疑具有开创性
意义，而且这部作品也明显不同于我以往习惯翻译的那些
理论性文献，因为它的风格更具历史的故事性，也更具文
学的趣味性。至于翻译的过程则是断断续续的，除了像卢
迪内斯库那样动辄就遭到拉康的"新词"所劫持之外，我
还遇到了大量不熟悉的历史人名与背景知识。因而，为了
填补这些断裂和空白，我在文本中额外添加了一些琐碎的
注释，希望能够对不了解这些信息的读者有所帮助，也烦
请读者原谅我在这里以赌徒"加注"的形式对欠下拉康
的债务所施加的"报复"。另外，为了保证译文的质量
和准确性，我还特别参考了格雷戈里·艾略特（Gregory
Eilliot）的英文译本，他是当代的激进政治哲学家，也是
著名的阿尔都塞研究者。至于翻译中难免的错漏之处，谨
希望读者可以多多包涵，也期待方家不吝指正。翻译拉康
是我的"症状"，然而我也企盼自己可以持续地"发病"，

用更多的产出来回报我所热爱的精神分析事业，也希望凭借自己的努力让更多的精神分析同行者得以"享受你的拉康"。这个剩余的享乐，也是我的"不顾一切"！

李新雨

2022 年秋于南京秦淮河畔

图书在版编目（CIP）数据

拉康：不顾一切/（法）伊丽莎白·卢迪内斯库著；李新雨译.—上海：上海社会科学院出版社，2023
ISBN 978-7-5520-4097-5

Ⅰ.①拉… Ⅱ.①伊…②李… Ⅲ.①拉康(Lacan, Jacques 1901—1981)—哲学思想—研究 Ⅳ.①B565.59

中国国家版本馆CIP数据核字（2023）第048948号

上海市版权局著作权合同登记号：09-2023-0373

拜德雅·人文档案

拉康：不顾一切

Lacan, envers et contre tout

著　者：〔法〕伊丽莎白·卢迪内斯库（Élisabeth Roudinesco）
译　者：李新雨
责任编辑：熊　艳
书籍设计：左　旋
出版发行：上海社会科学院出版社
　　　　　上海顺昌路622号　邮编：200025
　　　　　电话总机：021-63315947　销售热线：021-53063735
　　　　　http://www.sassp.cn　E-mail: sassp@sassp.cn
照　排：重庆樾诚文化传媒有限公司
印　刷：上海盛通时代印刷有限公司
开　本：1092毫米×850毫米　1/32
印　张：8.875
字　数：157千字
版　次：2023年5月第1版　2023年12月第2次印刷

ISBN 978-7-5520-4097-5/B·331　　　　　　　定价：68.00元